Peter Bachér, 1927 in Rostock geboren und ein Urenkel von Theodor Storm, war Chefredakteur der «Bild am Sonntag» und Herausgeber der «Hörzu». Seit Jahren schreibt er für die «Welt am Sonntag» seine beliebten Kolumnen unter dem Titel «Heute ist Sonntag». Peter Bachér lebt in München. Bei rororo erschien zuletzt «Liebe ist alles» (rororo 24803).

«Ich lese Bachér, weil ich ihm vertraue und weil ich von ihm lerne. Und weil ich weiß, dass so nur einer schreiben kann, der gut zuhören kann.» (Frank Elstner)

«Peter Bachér schenkt uns beherzigenswerte Anleitungen, das kurze Dasein persönlich zu leben und zu lieben.» (Die Welt)

Peter Bachér

Lebe jetzt!

Rowohlt Taschenbuch Verlag

Veröffentlicht im Rowohlt Taschenbuch Verlag,
Reinbek bei Hamburg, Oktober 2009
Copyright © 2007 by LangenMüller in der
F. A. Herbig Verlagsbuchhandlung GmbH, München
Umschlaggestaltung any.way, Hamburg,
nach dem Original-Cover des LangenMüller Verlages,
Umschlaggestaltung Wolfgang Heinzel
(Abbildung: mauritius Images/Botanica)
Satz Berthold Garamond PostScript (InDesign) bei
Pinkuin Satz und Datentechnik, Berlin
Druck und Bindung cpi – Clausen & Bosse, Leck
Printed in Germany
isbn 978 3 499 24820 7

«Die Gegenwart zu genießen und dies zum Zweck
seines Lebens zu machen, ist die größte Weisheit.»
Arthur Schopenhauer

«Ich denke niemals an die Zukunft.
Sie kommt früh genug.»
Albert Einstein

«Wenn man viel hineinzustecken hat,
so hat ein Tag hundert Taschen.»
Friedrich Nietzsche

Inhalt

Einstimmung

Es gibt Ratgeberbücher ohne Ende. Tue dies – lass das, mach es so, lass es sein, dies ist der richtige, der einzige Weg zum Glück. Und glücklich sein wollen wir doch alle! Und des Lebens ganze Fülle ernten. Und dies möglichst Tag für Tag. Unsere Ansprüche sind hoch, die Erwartungen manchmal ohne jeden Horizont, auch Träume von Liebe und Luxus spielen mit, und das nicht nur nachts.

Fast alle Ratschläge sind aktuell, aus dem Zeitgeist geboren, haben aber ihre Bewährungsprobe noch nicht bestanden, sind eher Empfehlungen vergleichbar, diese oder jene Aktie zu kaufen; der Börsianer merkt erst später, dass er verloren hat, der Zug war schon abgefahren; an der Börse wird – wie im normalen Leben – bekanntlich nicht geklingelt.

Es gibt unter allen Ratschlägen aber einen Ratschlag, der Jahrtausende überdauert hat. Er lässt sich in zwei Wörtern einfangen, die aus den Oden des römischen Dichters Horaz herüberklingen, er lautet: «Carpe diem». Pflücke den Tag. Genieße ihn. Jeder Tag ist einmalig, kommt niemals wieder. Und wenn wir tiefer in die alten Schriften hineinsteigen, dann finden wir diesen Gedanken mit wunderbaren Beispielen ausgeschmückt. Was gewesen ist, sagt Marc Aurel, ist in der «Truhe der Vergangenheit» begraben, die Zukunft ist immer ungewiss; nur dieser eine Tag, den wir gerade erleben, den haben wir in der Hand, den können wir gestalten. «Fange jetzt zu leben an und zähle jeden Tag als ein Leben für sich», schrieb Seneca, der sich in der Seele des Menschen besser auskannte als viele andere Dichter und Denker, weshalb seine Schriften heute noch Bestseller sind – sie haben Jahrhunderte überdauert –, ob man das von unseren heutigen Geistesgrößen wie Habermas, Adorno oder anderen auch wird sagen können?

Wir sollen also den Tag ergreifen – und unser Leben nicht zerfasern lassen. Die Gefahren sind ja heute so groß wie in keiner Generation zuvor, denn die Macht der Medien ist gewaltig, Tag und Nacht schickt uns das Fernsehen die Bilder einer von Todesängsten geschüttelten Welt in unser Wohnzimmer, lässt uns teilnehmen an allen Katastrophen, Terrorakten, an den Schmerzen von Millionen – wir sehen in die Augen von Kindern, die verhungern, von Müttern, die weinen, von Vätern, die im Namen irgendeiner Ideologie mit dem Maschinengewehr durch die Straßen ziehen – und nicht nur aus Protest in die Luft ballern, sondern auch auf Menschen schießen …

Natürlich und erfreulicherweise bietet uns das Leben auf unserem blauen Planeten auch beglückende Augenblicke und Erlebnisse, aber hier nun machen wir eine Erfahrung, die Altmeister Goethe in einem Gleichnis so formulierte: «Einen Regenbogen, der eine Viertelstunde steht, sieht man nicht mehr an.» Eine Wahrheit, die wir selbst tausendfach erlebt haben: Auch der schönste Eindruck verblasst oft schneller, als uns lieb ist; wir nehmen die alltäglichen kleinen Wunder des Lebens und der Natur oft kaum noch wahr, der Volksmund hat auch hier das Gültige gesagt: «Wir sehen den Wald vor lauter Bäumen nicht.»

Carpe diem, ergreife den Tag, genieße den Tag. «Lebe jetzt!» Das bedeutet nun allerdings nicht, dass wir atemlos durch den Tag hetzen sollen, mit irrem Blick nach Glücksmomenten suchen, uns selbst unter massiven Druck setzen, uns und andere mit übertriebenen Heilserwartungen auf falsche Fährten locken und damit überfordern.

«Lebe jetzt!» heißt auch nicht, hochmütig das Buch der Vergangenheit zuzuschlagen, nie wieder darin zu blättern, die gesammelten Erfahrungen zu ignorieren – und es heißt schon gar nicht, vor der Zukunft die Augen zu verschließen, weil man nicht vom grellen Widerschein des hektischen Lebens geblendet werden möchte.

Nein, dieses «Lebe jetzt!» soll uns nur daran erinnern, die schönen Momente in dem Augenblick zu erkennen, da sie passieren, sie dann bewusst in uns aufzunehmen, sie zu genießen, die Rosen zu pflücken, wenn sie blühen, ihren Duft einzuatmen – «Werd ich zum Augenblick sagen: Verweil doch, du bist so schön» –, wer kennt nicht die entscheidende Bedingung von «Fausts» Pakt mit dem Teufel in Goethes Drama? Und wer kennt nicht Schillers Warnung: «Was man von der Minute ausgeschlagen, gibt keine Ewigkeit zurück.»

Wir sehen: Wir sind keine Egoisten, keine Kurzzeitdenker, keine vom Zeitgeist einer unbändigen Lebensgier angekränkelten Menschen, wenn wir uns selbst immer mal wieder zurufen: «Lebe jetzt!» und ganz einfach einmal stehen bleiben, unser Leben bestaunen, weil wir zu den Glücklichen gehören, die trotz aller Widrigkeiten ein Gastspiel auf diesem schönen Stern erleben dürfen – und dem Tag geben, was des Tages ist: dankbare Aufmerksamkeit, wie es sich für ein Geschenk ziemt, weil wir wissen, dass jeder unserer Tage ein geschenkter Tag auf Erden ist.

Auf nach Ibiza –
der Sommer ist so schnell vorbei

In schierer Verzweiflung über den missratenen deutschen Sommer zog ich mich in meine Leseecke zurück, geriet bei der Lektüre meines Lieblingsphilosophen Lucius Annaeus Seneca in seinen Schriften über die Kürze des Lebens sofort an einen Satz, der mich aufs Höchste alarmierte.

Dieser Satz lautet: «Nur für eine kurze Zeitspanne werden wir geboren, die uns gegebene Frist läuft so schnell ab, dass das Leben alle Menschen – mit Ausnahme von ganz wenigen – mitten in den Vorbereitungen auf das Leben verlässt.» Mit anderen Worten, prosaisch ausgedrückt: Beeil dich, Junge, auch dieser Sommer ist schneller vorbei, als er gekommen ist.

Man soll die Ratschläge der Philosophen ernst nehmen. Also düste ich sofort gen Süden hin zu den Balearen, und schon am nächsten Morgen trat ich an den noch weitgehend menschenleeren Salinas-Strand von Ibiza. Und alles, alles stimmte: die Temperatur, gefühlte dreißig Grad, die seidenweiche Luft, das Meer, ein silbern-blaues Tablett, ein paar Wölkchen spiegeln sich im Wasser, ziehen westwärts, der Ostwind ist der Zauberer, der das gute Wetter bringt. Und die Sonne arbeitet zuverlässig wie ein Kraftwerk, als würde sie dafür bezahlt.

Ich atme tief durch und genieße jene Ruhe, die wir zu Recht als göttlich bezeichnen – denn so, wie sich die Welt hier morgens um sieben darbietet, muss sie der liebe Gott geplant haben, als er sie schuf.

Aber dann? Aber dann betritt der Mensch die so herrlich hergerichtete Bühne. – Und was sehen wir, auch und gerade in diesem Sonnenparadies? Den Menschen in seiner brutalen Nacktheit. Ich weiß nicht, wie es Ihnen geht, aber ich kann das alles nicht mehr sehen: die «Oben-ohne-Mode», die laut «Play-boy»-Umfrage immerhin 93 Prozent aller Deutschen inzwischen ablehnen; die gepiercten Bauchnabel, Ohren und – schmerzhaft schon der Anblick! – die gepiercten Zungen; die alten Männer, die in Shorts, die zu short sind, durch die Straßen schlurfen, manche mit nacktem Oberkörper, die Poren geöffnet, schweiß-offene Poren, Deo-Stifte haben bei diesen gnadenlosen Touris-ten keine Chancen.

Unwillkürlich denke ich an das Stoßgebet, das Theodor Fontane in den brandenburgischen Himmel schickte (wie viel aggressiver müsste es hier auf Ibiza klingen!) – es lautet: «Gott, was krabbelt doch alles unter dem Namen Mensch auf diesem Erdball herum.»

Die Rücksichtslosen und die Schamlosen – sie sollen sich nun nicht mehr länger ungestraft austoben dürfen. Sie werden ab jetzt unbarmherzig zur Kasse gebeten, berichtet das «Mal-lorca Magazin»: Spucken, Hundedreck, ja, sogar nur das Weg-werfen von Zigarettenkippen auf der Straße kostet bis zu 300 Euro Strafe, wer einen Müllcontainer außerhalb der genehmig-ten Zeit benutzt, muss 900 Euro berappen, Müllentsorgung am Strand oder im Meer kann sogar 1800 Euro, also das Doppelte kosten – so will es der neu verkündete Bußgeldkatalog.

Am Abend des ersten Tages, der an der Salinas-Bucht so göttlich begonnen hatte, musste ich noch an einen anderen Rat denken, den Seneca notiert und den ich ebenfalls gelesen, aber ignoriert hatte: «Dieses ewige Hin- und Herreisen führt zu nichts. Du fragst, warum dir deine Flucht nichts bringt? Du nimmst dich immer selbst mit!»

Was in meinem Fall bedeutet: Ich hatte mich von der Sonnen-Sehnsucht überwältigen lassen und nicht bedacht, dass das alte Sprichwort stimmt, wonach die Sonne alles an den Tag bringt – in dem Gedränge der Hauptsaison – auch und gerade die rück-sichtslose Schamlosigkeit der schamlosen Rücksichtslosen.

Lebe jetzt – die wichtigste Einladung im Leben wird nicht wiederholt

Liebe Freundin, Sie sagten mir gestern, Sie hätten Angst vor Neujahr, Sie könnten Silvester nicht mit Halligalli feiern – danach stünde nicht Ihr Sinn, und überhaupt sei doch die Frage zumindest erlaubt, ob Silvester nicht in Wahrheit ein eher trauriges Fest sei, denn immerhin würde an diesem Tag ein weiteres Lebensjahr von dem Zeitkonto abgebucht, das uns der liebe Gott geschenkt hat. Und niemand könne einem verraten, wie viele Jahre noch auf dem Depot liegen, nicht die besten Ärzte, auch die Seelsorger nicht.

Und Sie fragten mich, ob ich Sie aufmuntern könne, herausführen aus Ihrer «Mini-Traurigkeit», wie Sie es nannten, vielleicht mit einem Bonmot oder mit einer Erkenntnis aus den Weisheitsbüchern des Lebens. Sie wissen, dass ich diese Texte der Dichter, Denker, Philosophen gerne studiere, weil ich hoffe, für mich selbst Aufschluss darüber zu finden, was denn dieser geheimnisvolle Stoff ist, den wir «unser Leben» nennen. Wobei wir insgeheim natürlich spüren, dass uns unser Leben nicht gehört wie ein Goldschatz, sondern nur geliehen ist auf Zeit und Abruf.

Da gibt es viel Kluges zu lesen, auch Heiteres, wie beispielsweise bei Henry Miller: «Leben ist, was uns zustößt, während wir uns etwas ganz anderes vorgenommen haben.» Aber auch Bitteres, wie in «Macbeth»: «Was ist Leben? Ein Schatten, der vorüberstreicht.»

Für Sie, liebe Freundin, fand ich bei dem Schriftsteller Hans Carossa eine Bemerkung, die nur auf den ersten Blick gnadenlos klingt, deren versteckte Botschaft sich aber entschlüsseln lässt, und dann findet man eine wunderbare Anleitung zu einem Gefühl, mit dem man sich im Leben sehr gut einrichten kann.

Für mich gehört dieser folgende Satz zu den Perlen der Weisheit: «Leben ist eine Zusammenkunft, zu der immer nur eine begrenzte Zahl auf einmal geladen ist, und nie wird die Einladung wiederholt.» Diesen Satz muss man sich einmal, wie mein bester Berliner Freund gerne sagt, «auf der Zunge zergehen lassen». Er ist wie ein Röntgenstrahl, mit dem wir unser Innerstes abtasten können. Und er ist ein Weckruf, wenn wir jetzt das neue Jahr aufstoßen, das jungfräulich vor uns liegt. Denn in diesem Satz gibt es ein Schlüsselwort. Es lautet: *Einladung*.

Das heißt: Ich bin in dieses Leben eingeladen, ich muss mich benehmen wie ein Gast, rücksichtsvoll, dankbar. Nicht großspurig, nicht gierig; ich darf auch mit Worten niemanden verletzen, der zu der begrenzten Zahl von Erdenbürgern gehört, die gerade mit mir auf der oft auch sehr beschwerlichen Lebensreise unterwegs sind.

Und das Wichtigste: Die Einladung wird nicht wiederholt! Wir sind, wie der französische Naturwissenschaftler und Nobelpreisträger Jacques Monod vor einem halben Jahrhundert schrieb, am Tag unserer Geburt als «Treffer aus der Lotterie des Lebens» hervorgegangen; wir gehören zu den Siegern, die das Glück haben, zu leben, «einfach nur zu leben». Und das auf diesem blauen Planeten, von dem die Raumfahrer aus dem All berichten, dass er von einer leuchtenden Schönheit ist, überirdisch schwebend in einem Universum, das schweigt.

Es klingt angesichts eines solchen dramatischen Befundes unbeholfen, aber es ist die Wahrheit: Es sind nicht die großen, es sind eher die sogenannten «kleinen Dinge», die das Leben lebenswert machen, ja oft sogar verzaubern: das Lächeln eines Menschen, den wir lieben; der erste Schritt durch die Dünen ans Meer nach einem langen Winter; die hilfreiche Hand eines Menschen, wenn wir gestürzt sind; der unerwartete Brief eines Freundes; der Morgen, an dem man nach langer Krankheit ohne Schmerzen fieberfrei aufwacht; die Geste, mit der ein Fremder dich in eine Parklücke schleust; der kleine Blumenstrauß, den dir eine Kollegin bei der Rückkehr aus dem Urlaub auf den Schreibtisch gestellt hat, einfach nur so – ja, das ist diese Melodie, die unserer Seele guttut.

Es kann kein Zufall sein, es kann nicht nur an diesen festlichen Tagen zum Jahreswechsel liegen, es muss etwas mit unseren Seelen zu tun haben. Und es hat sie alle ergriffen: Die Jungen und die Alten, die Reichen und die weniger Reichen, die Kranken und die Gesunden, ich hörte es von jedem, immer ein bisschen anders ausgedrückt, aber in Wahrheit gibt es doch allüberall: dieses große Wehklagen über die «dahineilende Zeit».

Haben wir nicht das Gefühl, dass wir doch «erst gestern» die Neujahrskarten schrieben, und dabei ist inzwischen ein Jahr vergangen? Wann war das letzte Zusammentreffen mit einem Freund? Es war nicht vor drei, es war vor sechs Jahren. Die alte Dame, an deren sanfte Hilfsbereitschaft wir uns erinnern, hat uns schon vor zehn Jahren verlassen – uns ist, als sei die Todesanzeige «erst kürzlich» in der Zeitung erschienen.

Wir halten plötzlich betroffen inne, und wir bleiben stehen wie ein Spaziergänger, dem etwas ganz Wichtiges eingefallen ist, und wir möchten – wie einst der Dichter –, dass «der Augenblick verweilt». Wir würden gern ein Stück unseres Kontos plündern, könnten wir die Zeit dehnen, strecken, ihren schnellen Lauf abbremsen. Am liebsten würden wir die Uhr einfach anhalten, uns in ihre Zeiger werfen, die mit ihrem monotonen Rundlauf nur vortäuschen, dass es morgen ja wieder diese mittägliche Stunde gibt wie heute – und dabei ist es doch dann eine ganz andere Stunde! Ja, der Prediger hat schon recht, der uns daran erinnert, dass die Uhr eine feinsinnige Täuschung ist und dass die Zeit eher einem langen Korridor gleicht, den man entlangeilt, wobei jeder Tag eine Tür ist, die man abends zuschlägt – und diese Türen haben den Griff nur an einer Seite: Man kann sie nicht mehr öffnen!

Wie aber kommt es, dass wir – mehr als je zuvor – unter der dahinstürmenden Zeit leiden? Dieser Rohstoff ist doch nicht knapper geworden, da doch unser Leben im statistischen Durchschnitt länger währt? Ist unser Appetit auf das Leben vergrößert? Packen wir zu viel hinein, oder anders gefragt: Packt man uns zu viel hinein?

Sicher, wenn wir zurückblicken, dann erschaudern wir nochmals unter den Keulenschlägen, die wir, oft nebeneinander, ertragen mussten: die Terrorakte, die Geiselnahmen, die Weltkrisen, die düsteren Wirtschaftsprognosen, die Katastrophen, in denen sich eine kranke Erde unter Schmerzen aufbäumt. Auch wenn wir nicht direkt dabei waren, so kann doch keiner sagen, dass wir nicht in unseren Seelen betroffen waren. Der Eintrittspreis für die Horrorschau des Lebens ist die dauernde Hergabe von Gefühlen aller Art, aber Mitleiden und Mitfreuen sind nicht beliebig vermehrbar.

Mit anderen Worten: Auf der einen Seite haben wir die Zeit – sie ist nicht veränderbar, nicht zu manipulieren, nicht zu kaufen, zu verteilen, zu verschenken –, und auf der anderen Seite haben wir ein ungeheures Lebenstempo: dabei sein, mitmachen, mithören, mitreden, mitmischen! Und das alles zwingt uns, immer häufiger auszuwählen, vieles zu versäumen, was wir «eigentlich» auch noch mitnehmen könnten.

Und so stehen wir Kinder des Wohlstands in diesem Leben wie in einem Supermarkt, wo in den Regalen all die schönen aufregenden Dinge liegen, von denen uns die Werbung sagt, dass wir sie uns nur «zu holen» brauchen. Aber dann kommt noch eine Bürde: Wir müssen an der Kasse vorbei und zahlen! Und dort bezahlt man nicht mit Geld, nicht mit Öl, nicht mit Naturalien – dort bezahlt man mit Zeit! Wir bezahlen in Wahrheit immer mit dem Kostbarsten! Wir zahlen mit dem Besten, was wir haben.

Und weil wir das plötzlich alle dramatisch spüren, sagen wir nicht leichthin wie unsere Großeltern: «Kinder, wie die Zeit vergeht.» Wir sagen es ernster, trauriger, wir klagen über die «dahineilende Zeit», als sei sie selbst schon eine Krankheit geworden.

Denken Sie also daran, liebe Freundin: Die Einladung, Gast auf diesem schönen Stern zu sein, wird nicht wiederholt, die Lotterie des Lebens ist geschlossen, die Lose wurden verteilt, und Sie haben gewonnen! Machen Sie das Beste daraus. Und verschenken Sie keinen Tag, nicht einen einzigen!

Zauber der Sommerzeit –
wo bleibt die verlorene Stunde?

Schön, dass sie wieder da ist, die verloren geglaubte Stunde, die uns beim Wechsel von der Winter- zur Sommerzeit abhandenkam. Nun ist sie heute Nacht zu uns zurückgekehrt. Ich habe es nicht einmal bemerkt, so unauffällig geschah alles um zwei Uhr, ganz untypisch für unsere laute lärmende Zeit.

Es gab keine «Events», keine Trompetenstöße, keinen Empfang durch die Regierung in Berlin. Es herrschte eher atemlose Stille, und plötzlich war sie wieder da, geheimnisvoll wie alles, was aus dem Universum kommt, wo ich diese Stunde zwischenzeitlich vermutet habe.

Oder trieb sie sich gar auf Erden herum und erholte sich von der Kälte des vergangenen Winters, floh gar nach Mallorca, um außer Landes zu sein und doch irgendwie in Deutschland? Ich weiß es nicht. Aber ich denke, das wenigste, was diese Stunde hätte machen können, wäre ein Anruf per Handy gewesen: Es gibt mich noch, ich komme wieder.

Natürlich weiß ich, dass es sich um eine geliehene Stunde handelt, die wir, ohne gefragt zu werden, so einfach hergegeben haben; nicht auszumalen, es gäbe Zeitzinsen, was hätte sich da für ein Zeitkapital aufhäufen können. Aber bei Behörden ist es so, wie es ist: Sie nehmen dir was und geben es dir zinslos zurück.

Es gibt einen Schnauzbart, einen berühmten Philosophen, an dem wir aus Anlass seines hundertsten Todestages nicht vorbeikamen, sein Name ist Nietzsche. Und was er uns zurief, das sollten wir uns merken: «Wenn man viel hineinzustecken hat, so hat ein Tag hundert Taschen.»

Und schon frage ich mich: Wie viele Taschen mag dann erst

dieser heutige wirklich lange Sonntag haben, da wir super ausschlafen können, weil der Zeiger um eine Stunde zurückspringt, da es zugeht wie in einem Tante-Emma-Laden, wo oft die Frage lautet: «Darf's ein bisschen mehr sein?»

Ich kann nur sagen: Von der Zeit, diesem kostbarsten Stoff unseres Lebens, kann ich nicht genug bekommen, egal wie sie sich rechnet, ob es nun Stunden oder gar Tage, Wochen oder Jahre sind.

Wir behandeln die Zeit zwar schäbig, gehen großspurig mit ihr um, tun so, «als ob wir noch ein zweites Leben im Reservekanister haben», und können auch Napoleon durchaus begreifen, der beklagte, dass es Diebe gibt, die wir leider nicht bestrafen, obwohl sie uns das Kostbarste stehlen, nämlich Zeit.

Dieser Taschenspielertrick, mit dem wir eine Stunde unseres Lebens unter dem Stichwort «Sommerzeit» hin- und herschieben, bringt mich zu der Frage, die wir – im Strom der dahineilenden Zeit rudernd – meist vergessen: Was eine Stunde, nur eine einzige Stunde in unserem Leben wirklich sein kann.

Mal ist sie ein Nichts, fliegt dahin wie eine Feder, hinterlässt keine Spuren, sie ist verschenkt oder vertan, manchmal ist sie gar ganz verloren, beispielsweise beim Warten auf den Handwerker, den Chef, den Doktor. Mal ist eine Stunde aber auch voller Gewicht, sie verändert den Lauf unseres Lebens, noch nach Jahren erinnern wir uns daran, wenn wir nach einer Untersuchung vom Arzt die Diagnose hören, die wir befürchtet haben.

«Wer weiß, was uns die nächste Stunde schwarz verschleiert bringt» – so schlimm wie «Wallensteins Tod» muss es gewiss nicht kommen –, aber dass das Spiel des Lebens in jeder Stunde neu gespielt wird, dass die Würfel immer wieder anders fallen – das zumindest haben wir doch alle erfahren – und manchmal auch erlitten.

Nach einem Dichterwort ist die Zeit ein großer Wecker, «die große eiserne Wanduhr rasselt und ruft mit gewaltigen Schlägen». Vergangene Nacht hat kein Wecker gerasselt, als die verlorene Stunde zurückkam, aber es gab auch kein Feuerwerk.

Wie alles Wichtige geschah es ganz leise. Und wir dürfen uns heute die hundert Taschen vollpacken. Eine Stunde mehr, da geht viel rein. Das kommt so schnell nicht wieder, umarmen wir also diesen längsten Sonntag des Jahres.

Ist ein Freund, der einem seine Sorgen nicht mitteilt, ein wirklicher Freund?

Mein bester Freund hatte mir nichts gesagt. Wir telefonierten vor einigen Tagen, aber von ihm kam kein wichtiges Wort. Nur Belangloses. Über den nächsten Urlaub, die verdammte Politik, Behördenärger. «Und privat?», fragte ich noch. «Nichts Besonderes.» Und dann, ganz schnell und knapp: «Mach's gut, mein Freund, melde dich mal wieder.» Ich hatte das Gefühl: Er war plötzlich in Eile, bitte keine weiteren Fragen.

Der Zufall wollte es, dass mich kurz darauf ein Wohnungsnachbar meines Freundes anrief, irgendetwas Geschäftliches; und der berichtete eher beiläufig, dass zwei Tage zuvor die Frau meines Freundes in eine Klinik eingeliefert werden musste, Malteser-Sanitäter kamen mit Blaulicht – «Sie haben sicher schon davon gehört».

Ich hatte nichts gehört! Mein Freund hatte mir die wichtigste Nachricht verschwiegen, und ich wusste nicht, wie ich nun reagieren sollte: Noch einmal anrufen, nachfragen – oder abwarten, ob und wann mein Freund mir von diesem Schock erzählt?

In den folgenden Stunden musste ich immer wieder an seine Frau denken; und an meinen Freund, der mich an seinen Sorgen nicht teilnehmen ließ. Da er nicht wusste, dass ich inzwischen von dem Klinikaufenthalt seiner Frau gehört hatte, konnte er mich zumindest in dem glücklichen Gefühl des Ahnungslosen wähnen – vielleicht ist ja auch dies Zeichen einer Freundschaft, die sich darin zeigt, Schicksalsschläge alleine abzumachen, niemanden einzubeziehen, niemanden zu belästigen.

Wie gerne hätte ich Blumen in die Klinik geschickt, einen Brief geschrieben, auch an einen Besuch am Krankenbett hatte ich gedacht. Aber andererseits: Man will sich ja nicht aufdrängen, niemandem auf den Wecker fallen, nicht in die letzten Geheimnisse eines Schicksals eindringen, das ein Ehepaar durchstehen muss, besonders, wenn es vielleicht sogar um Leben und Tod geht.

Ein paar Tage später. Endlich kam ein Anruf meines Freundes. Aber auch diesmal kein Wort zum Wesentlichen. Nun fasste ich Mut: «Sag mal, ich hörte Schreckliches von deiner Frau, von der Klinik.» Ein kurzes Schweigen. Dann erzählte er, Brigitte sei plötzlich, sozusagen aus heiterem Himmel, von einem Herzrasen bedroht worden, Pulsfrequenz bis hundertsechzig und mehr, und das über Stunden – «Die Hölle auf Erden, mein lieber Freund, da fängst du wieder mit dem Beten an».

Doch dann sei ein Wunder geschehen: Mein Freund hatte nach langem Suchen einen Arzt gefunden, der durch einen Katheter-Eingriff eine irrige Impulsstrecke im Vorhof ihres Herzens unterbrechen konnte – «Der Eingriff war so hervorragend platziert, voller Virtuosität, dass nicht einmal ein Herzschrittmacher nötig wurde».

Beim Abschied aus der Klinik konnte seine Frau dem jungen Oberarzt ihre Bewunderung mit einer einzigen Frage ausdrücken: «Herr Doktor, warum steht Ihr Name nicht auf jeder Litfaßsäule?» Womit sie sagen wollte: Warum bewundert und bejubelt man nur Dichter, Musiker, Künstler aller Art, deren Plakate in jeder Stadt zu finden sind? Natürlich wollte sie mit dieser spontanen Bemerkung auf keinen Fall einen künstlichen Gegensatz herstellen zwischen den Menschen, die anderen Menschen mit ihrer Kunst das Leben bereichern, und den Ärzten, die oft einen verzweifelten Kampf gegen Schmerzen, Leiden und Tod führen. Da wird, abgeschirmt von der Öffentlichkeit, Großartiges vollbracht. Und oft gibt es diese dramatischen Grenzsituationen, in denen das Leben des Patienten am seidenen Faden und damit am Können des Arztes hängt.

Er wünsche mir, sagte mein Freund zum Schluss des Telefonats, dass ich nie in eine solche Grenzsituation kommen möge, in der es buchstäblich um alles geht, «da sei Gott davor».

Für Sekunden überlegte ich: Muss ich jetzt nicht doch die Frage stellen, ob zu einer guten Freundschaft nicht auch die totale Offenheit gehört? Aber ich ließ es sein. Ich wünschte gute Genesung und legte den Hörer nachdenklich auf die Gabel: Sollte ich meinem Freund dafür dankbar sein, dass er mich von seinen Sorgen verschonte – oder sollte ich traurig darüber sein, dass er mich nicht in sein Vertrauen gezogen hat?

Komplimente im Leben sind so wichtig
wie die Luft zum Atmen

Es gibt Komplimente, vor denen ich niederknien möchte. Komplimente, die einen nie gehörten Klang haben. Nicht diese schnell hingeschickten Worte voller oberflächlicher Schmeichelei. Nein, ich meine Komplimente, die den Wesenskern eines Menschen entdecken und charmant umschreiben. Sophia Loren, diese wunderbare Frau, dieser weltberühmte Star, hat ein solches Kompliment gehört.

Damit meine ich nicht jenes Kompliment eines römischen Journalisten, der nach dem berühmten Striptease vor Mastroianni in dem Film «Gestern, heute und morgen» über die superweibliche italienische Schönheit den oft zitierten Satz schrieb: «In Sophia Lorens Augen ist immer Mitternacht.»

Nein, ich meine, was ihr Ehemann, der berühmte, jetzt im hohen Alter von vierundneunzig Jahren verstorbene Filmproduzent Carlo Ponti empfunden hat, als er sich an sein erstes Zusammentreffen mit Sophia erinnerte. Er sagte über seine spätere Ehefrau, mit der er ein halbes Jahrhundert verbunden war: «Ich habe vom Augenblick unserer ersten Begegnung an ein Leuchten um sie herum gesehen.» Kann man die magische Wirkung einer Frau schöner beschreiben? Und wie weit ist diese poetisch klingende Beschreibung eines Gefühls von all dem entfernt, was heute so an Komplimenten zu hören und zu lesen ist. Keiner würde heute mehr schreiben, was Victor Hugo vor knapp hundert Jahren noch schrieb: «Ein Kompliment ist so etwas wie ein Kuss durch einen Schleier.» Nein, heute wird direkt geküsst, zudringlich, vor allem möglichst öffentlich, die Zurschaustellung des Körpers, die Aggressivität der Mode, die prallen Jeans –, all das hat nichts mit einer Welt zu tun, in der zarte Komplimente große Chancen haben.

Um das Wichtigste zu sagen: Ein gutes Kompliment ist ein Kunstwerk. Es muss, wenn es wirken soll, aus ehrlichem Herzen kommen. Es darf nicht abgedroschen klingen. Hohes Einfühlungsvermögen ist nötig, will man das Wesentliche eines Menschen erfassen, den man lobt. Nur dann trifft ein Kompliment ins Schwarze, dann kann erstaunlicherweise sogar ein kritisches Wort wie ein Kompliment wirken. Als mein Vater, angehender Professor in Rostock Ende der zwanziger Jahre, meine Mutter bei einem Fest auf einem der mecklenburgischen Güter kennenlernte, als er sah, dass die junge Frau sich leicht gebückt durch die Räume bewegte, waren seine ersten Worte: «Ich würde mich an Ihrer Stelle etwas gerader halten, gnädiges Fräulein.» Und meine Mutter, von jungen Verehrern aus Lübeck und Hamburg umschmeichelt? Sie war von der Ermahnung fasziniert – Wochen später war die Hochzeit.

Wir sehen: Nicht nur liebenswürdig klingende Komplimente gehören zum Leben. Sie sind das Wechselgeld unserer echten Gefühle, die wir füreinander haben. Das gilt auch für das Berufsleben. Es ist zwar für den Untergebenen schwierig, den Chef zu loben, auch wenn er es gerne täte; umso leichter ist es aber für den Chef, ein Lob auszusprechen – leider geschieht es heute viel zu selten. Vielleicht, weil der Chef denkt, es würden nach einem Kompliment Forderungen kommen, die Bitte um Gehaltserhöhung beispielsweise.

Für Künstler (und solche, die sich dafür halten) sind Komplimente lebenswichtig, sie brauchen sie wie die Luft zum Atmen. «Von einem guten Kompliment kann ich zwei Monate leben» – der Amerikaner Mark Twain hat es vor hundert Jahren gesagt. Aber natürlich wusste er auch um die Doppelbödigkeit mancher Komplimente, wie die folgende Anekdote zeigt: In vergnügter Stimmung führte der Schriftsteller bei einem noblen Abendessen die Gemahlin des Gouverneurs zu Tisch. Galant sagte er: «Wie schön Sie sind, Madame.» Geschmeichelt kassierte die Dame das Kompliment, entgegnete aber trotzdem spöttisch: «Wie schade, dass ich von Ihnen leider nicht dasselbe sagen kann» – worauf Mark Twain lächelte, sich zu der Dame niederbeugte und kühl antwortete: «Machen Sie es doch so wie ich, gnädige Frau: Lügen Sie!»

Wir merken schon: Es ist gar nicht einfach, dem Kompliment ein ehrliches Kompliment zu machen.

Die erste Begegnung mit der
Wunderwelt der Bücher

Bücher, Bücher! – was für eine wundervolle, geheimnisvolle, nie ganz entschlüsselte Welt. Ich liebe es, in diese Welt einzutauchen, für Stunden die reale Welt zu vergessen, die mich umgibt, umzingelt, bedrängt, bedrückt. Bücher können der Schlüssel sein, der mich in ein zweites Leben führt – schon das Öffnen eines druckfrischen Buches ist voller Verheißung: Wenn du dich mit mir einlässt, sagt das Buch, dann gib acht: Vielleicht kann ich sogar dein Leben verändern.

Daran musste ich denken, als mich meine Frau mit der Frage überraschte: «Wenn du an deine Kindheit denkst – was war das erste Buch, das du gelesen hast, das dich beeindruckte, an das du dich auch heute nach Jahrzehnten noch erinnerst?» Es war einer jener Augenblicke, in denen uns im abendlichen Gespräch eine rückwärts gewandte Sehnsucht überfällt und wir gerne in der Schatztruhe unserer Erinnerungen die Perlen suchen – das erste Buch gehört dazu wie die erste Liebe, wie die erste Reise, der erste Kuss.

Ich musste keine Sekunde zögern – «Kai aus der Kiste», schoss es aus mir heraus, «ja, Kai, der frech-fröhliche dreizehn-jährige Zeitungsjunge im Berlin der zwanziger Jahre, der Chef einer Bande von Straßenjungen, genannt die ‹Schwarze Hand›». Er selbst ist die «große Klapperschlange» und immer voller brillanter Ideen. So lässt er sich, versteckt in einer Kiste, von seinen Kumpels in das noble Hotel «Imperator» tragen, weil er es anders nicht geschafft hätte, am Portier vorbei zu dem amerikanischen Schokoladenkönig Mister Joe Allan vorzudringen, der gerade per Inserat einen Reklamekönig suchte. Kai bekam seine Chance – und in einem dramatischen Wettkampf um die besten Werbegags stellte er mit seiner Bande ganz Berlin auf den Kopf, übertrumpfte mit seinen Einfällen einen erwachsenen Konkurrenten – und gewinnt: Kai wird Reklamekönig! Das ganze kleine Buch ist eine einzigartige Liebeserklärung an Berlin und die hellen Berliner Gören – wie gerne wäre ich damals, 1932, im fernen Rostock lebend, mit der «Schwarzen Hand» durch die Hinterhöfe und Boulevards der großen Metropole gefegt –, Jugendträume, der Phantasie waren keine Grenzen gesetzt, und das Gefühl bei der Lektüre wurde übermächtig: Wie herrlich aufregend kann das Leben sein!

Als ich mir jetzt über eBay den 1926 erschienenen Klassiker bestellte und ein Wiederlesen mit Kai, Detektiv Fliegenpfiff, Kommissar Krumblick und dem «Schleichenden Plattfuß» von der «Schwarzen Hand» feierte, spürte ich: Der Zauber ist auch nach achtzig Jahren ungebrochen, wer möchte nicht, in einer Kiste versteckt, einmal dorthin gelangen, wo es Glück, Geld, den Glanz des Lebens in der Fülle gibt!

Seit «Kai aus der Kiste» bin ich den Büchern verfallen, unvergessen «Das rote U», Nils Holgersons schönste Abenteuer mit den Wildgänsen, «Der Schatz im Silbersee» von Karl May, dann später – nun schon in amerikanischer Kriegsgefangenschaft – 1945/46 die erste Begegnung mit Ernest Hemingway, später mit dem «Kleinen Prinzen» meines Lieblingsschriftstellers Antoine de Saint-Exupéry. Unmöglich, alle die Bücher aufzuzählen, die mich buchstäblich «ergriffen» haben, die genau den Wunsch erfüllten, den der Poet Theodor Storm in seinen letzten Lebensjahren als Widmung in eines seiner Bücher für einen jüngeren Freund schrieb: «Du gehst im Morgen – ich im Abendlicht; lass mich dies Buch in deine Hände legen, und konnt' es je dein Herz bewegen, vergiss es nicht.»

Auch heute ist die Gefahr gering, dass man eine wirklich herzbewegende, die Phantasie beflügelnde Lektüre schnell vergisst. Ja, man könnte fast ein Fragespiel beginnen: Sage mir, welche

Bücher dich berührt haben, und ich sage dir, wer du bist. Und was bedeutet das für mich, für den «Kai aus der Kiste» die erste Begegnung mit der Wunderwelt der Bücher war? «Irgendwie bist du ganz schön sentimental geblieben», sagte meine Frau lakonisch, als ich ihr das Buch zu lesen gab. Darüber muss ich jetzt mal länger nachdenken. Nur eines ist sicher: Meine Berlin-Liebe begann mit Kai.

Die Adresse ist nicht alles

Liebe Freundin, ich glaube, ich muss Sie trösten. Und ich glaube weiter: Ich muss Ihnen ein paar unangenehme Wahrheiten sagen, wenn es um das gesellschaftliche Leben geht, das Sie zurzeit führen – mit der noblen Villa in einem von Hamburgs feinsten Elbvororten. «Die Adresse ist hier alles», sagten Sie einmal zu mir. Da ahnte ich schon: Der Weg in den Olymp der Society war bei Ihnen vorgezeichnet, kein Wunder bei Ihrer Power, wenn man gerade fünfundvierzig geworden ist, «ein spannendes Alter, da will man des Lebens ganze Fülle», und dabei blitzten Ihre Augen.

Man hat Sie also gestern versetzt. Fünf Paare waren privat eingeladen, zwei Paare hatten wenige Stunden zuvor Knall auf Fall abgesagt, nun saßen Sie mit einem Berg Flusskrebsen und der extra bestellten Kochfrau in der Küche und lamentierten am Telefon über die Schlechtigkeit der Menschen, über ihren Egoismus, ihre Unhöflichkeit.

Egoismus, weil – wie Sie vermuten – dem einen Paar eine andere Einladung plötzlich interessanter erschien, Unhöflichkeit, weil von dem anderen Paar die Absage per Fax kam – nicht einmal zu einem Telefonat hatte es gelangt. Vielleicht gehört wirklich sehr viel Mut dazu, dem Gastgeber last minute einen Korb zu geben.

Wenn mich meine Ahnung nicht trügt, dann waren Sie, als Sie mir von dem Malheur erzählten, den Tränen nahe: eine Mischung aus verletzter Eitelkeit und Zorn, eine explosive Mischung, die plötzlich die Grundfesten Ihres Weltbildes ins Wanken brachte.

Um ehrlich zu sein: Dieses Weltbild ist ein Zerrbild, liebe Freundin, Sie sind gesellschaftlich in atemberaubendem Tempo aufgestiegen, Sie unterhalten ein großes Haus, die Post bringt täglich Einladungen, Ihr Mann hat den Zenit seiner Karriere erreicht, «jetzt wollen wir die Früchte ernten». Die Kinder sind auf und davon, da öffnet sich ein großes Zeitfenster und die bange Frage: Wie gehe ich mit der vielen Zeit um, damit ich meinen Spaß habe?

Der Abend, der ganz besonders gut gelingen sollte, war nicht der erste, der durch abrupte Absagen in Schieflage geraten war – und so will ich Sie fragen, ob Sie eigentlich einmal genauer hingeschaut haben, wer Sie da so schnöde im Stich gelassen hat?

Vermutlich waren es Menschen, die nur eines suchen: Fun, nichts als Fun. Und die diesem obersten Gesetz alles unterordnen. Die Mitglieder eines Clubs sind, den ich den «Save-the-Date-Club» nenne. Ihm gehören all jene «bedeutenden» Menschen an, die von Termin zu Termin eilen, die im Kalender der Eitelkeiten kaum noch einen Platz finden, die glauben, überall ihr Gesicht zeigen zu müssen – und die schwermütig werden, wenn die Einladung zu einem Event plötzlich einmal ausbleibt. Von Save-the-Date-Menschen wird nämlich erwartet, dass sie schon im Juli einen Tag im Dezember von jeder anderen Verpflichtung freihalten sollen, eigentlich ein bizarres Ansinnen: Wer weiß schon, wohin mich Gottes Wege im Dezember, also in einem halben Jahr!, führen werden?

Um auf den Anlass zurückzukommen, der mich zu diesem Brief führt: Machen Sie sich in Zukunft keine Illusionen, vor allem nicht, wenn es um sogenannte Schickimicki-Gäste geht, die Sie nur einladen, um Ihrem Fest einen vermeintlich schönen Glanz zu geben. Auf Menschen, die notfalls brutal absagen, sobald etwas Besseres ins Haus steht, sollten Sie zum Schutz Ihres eigenen Seelenfriedens verzichten.

Man knüpft ohnehin viel zu viele Hoffnungen an manche sogenannte VIPs, weil man sich nach Albert Camus immer übertriebene Vorstellungen von dem macht, was man noch nicht erlebt hat, noch nicht kennt. Ein russisches Sprichwort sagt es noch treffender: Auf der Wiese der Hoffnung weiden viele Narren. Ein solcher Narr aber sollten Sie nicht sein!

Mein Rat: Seien Sie als Gastgeber wählerisch. Wie der Besitzer einer stark frequentierten Großstadtwohnung, der dafür bekannt war, dass er sich immer sofort einen Hut aufsetzte, sobald es klingelte. War ihm der Besuch angenehm, rief er: «Welch ein Glück! Soeben bin ich nach Hause gekommen.» Kam der Besucher hingegen ungelegen oder war ihm unsympathisch, klagte er: «Wie leid es mir tut, dass ich keine Zeit für Sie habe. Wie Sie sehen, bin ich gerade im Begriff wegzugehen.»

Szenenwechsel oder
der viel zu frühe Abschied

Ja, er hatte sich fest vorgenommen, das Hochhaus nicht zu betreten, als er nach langer Zeit einmal wieder in die Stadt kam, in der er Jahrzehnte gelebt und gearbeitet hatte. «Ich werde doch nicht so verrückt sein, die Kollegen zu stören, indem ich da auftauche!», rief er seiner Frau zu, als diese ihn ermahnt hatte: «Denk daran, was wir besprochen haben: Mach einen großen Bogen um das Haus, wenn du spazieren gehst!»

Umso geheimnisvoller, was dann geschah: Der Mann, so um Mitte sechzig – seit vier Jahren pensioniert, «in die Wüste geschickt», wie er damals sagte, als sie ihm den vorzeitigen Abschied gaben –, fuhr mit dem Bus in die City.

Das waren noch tolle Zeiten, als mich der Chauffeur morgens abholte, immer Punkt zehn vor acht, man musste früh an Deck sein, wollte man an die Spitze des Konzerns, also nach ganz ganz oben, dort, wo die wirklichen Entscheidungen getroffen werden – diese Gedanken durchzuckten wie Blitze sein Gehirn.

Ja, er war schon schmerzhaft gewesen, dieser viel zu frühe Abschied, als ein neuer Chef kam. Wie in einem Theaterstück, das «Szenenwechsel» hätte heißen können, tauchte dieser neue Chef plötzlich aus der Kulisse auf. Und schon in der Sekunde, da er ihn das erste Mal sah, wusste er: Für dich ist hier das Ende der Fahnenstange erreicht. Aus. Vorbei. Nimm deinen Hut und gehe.

Aber das geht natürlich nur, bis die Sache mit der Abfindung geregelt ist. So hielt er noch ein paar deprimierende Monate aus, erlebte mit, wie der Neue alles umkrempelte, bis die Chefsekretärin, die auch neu war, ihn endlich in den Olymp bestellte …

Dann ging alles blitzschnell: Übergabe der laufenden Geschäfte an den Nachfolger, Räumung des Büros, ein steifer Stehempfang mit ein paar Reden («Sie haben sich um unser Haus verdient gemacht»), ein kurzes Besäufnis mit den engsten Kollegen in einem Lokal gegenüber, dann die Heimfahrt in die schon gekündigte Wohnung.

Tage später ging es südwärts, der Sonne entgegen, in seine Ferienwohnung an Italiens schönster Küste, wo er die Ernte des Lebens einfahren sollte, wie bei einer der Abschiedsreden auch noch gesagt worden war.

Und nun heute: die Busfahrt in die City, diese Fahrt voller Erinnerungen. Am Marktplatz geschah dann das Unvermutete: ein Kollege von einst hatte ihn wiedererkannt («Mensch, du siehst ja fabelhaft aus, Italien bekommt dir gut») und überredete ihn zu einer Tasse Kaffee in seinem alten Büro: «Du weißt ja, um elf ist die große Konferenz, aber für ein Schwätzchen reicht die Zeit …»

Und so ging er durch das große Portal, durch das er nie mehr gehen wollte, der Fahrstuhl surrte in die Höhe. «Ist der Blick von hier oben nicht phantastisch», sagte der Kollege, der es inzwischen geschafft hatte, ein paar Stockwerke höher zu ziehen, näher zu der Veloursetage der Macht. «Man tut, was man kann», versuchte er seinen Karrieresprung herunterzuspielen.

Dann gingen sie gemeinsam in die Vorkonferenz, in der die Abteilungsleiter, die kleinen Chefs sozusagen, sich trafen («Man muss ja die Strategie vorher abstimmen»), ehe es in die Konferenz zum Chef ging, und der Besucher saß plötzlich wie in einer anderen Welt, man sprach von Online, Content und Crossmedia.

Mit dem Satz: «Ich hab euch einen alten Kumpel mitgebracht» hatte der Kollege ihn kumpelhaft vorgestellt, aber es nützte nichts: nur wenige Blicke streiften den Besucher. Einer bot ihm immerhin noch Kaffee an. Aber wenn man Kaffee angeboten bekommt, dann weiß man: Man gehört nicht mehr dazu, ist ein Fremder.

Der Besucher fühlte sich plötzlich so verdammt verloren, überflüssig, ja störend. Er stand unvermittelt auf und ging. Er winkte einmal kurz, aber es war eher ein Gruß ins Leere. Dann kam der lange Korridor, dann der Fahrstuhl. Bloß nicht in der Enge einer Kabine noch auf weitere Kollegen treffen! Also wählte er das Treppenhaus, eilte die Stufen hinunter, bei jeder Etage dachte er: Hätte ich doch auf meine Frau gehört, wäre ich doch bloß nicht der Verlockung erlegen.

Erinnerungen sind ein Paradies

Mein Gott, diese Freuden und Lasten der Erinnerungen! Wie hatte sich die alte Dame gefreut, einmal wieder in die Stadt Wien zu kommen, in der sie mit ihrem Mann so glücklich gewesen war wie nirgends sonst auf der Welt. Bis zu jenem schwarzen Tag, da ein Herzinfarkt seinem Leben ein jähes Ende setzte, fast zwei Jahrzehnte ist es her.

Und nun: wieder Wien! Besuch beim Sohn, den es von Hamburg aus ebenfalls hierher verschlagen hatte. Die Wege sind seltsam, die das Schicksal uns oft auferlegt: der Sohn viele Jahre später auf den Spuren des Vaters, von dem es nur noch ein paar Fotos und ein paar Erinnerungen gibt.

Und genau von diesen Erinnerungen sprach die Mutter. Immer und immer wieder. Eigentlich belanglose Geschichten. Alltägliches. Wie sie ihren «Göttergatten» kennengelernt hat. Der erste Kuss. Ihr Flirt mit einem Fremden noch in der Verlobungszeit, unglaublich übermütig damals in den prüden Jahren – und natürlich in Grinzing, wo denn sonst? Und dann die Story, wie der Vater einen Konkurrenten in der Firma aus dem Felde schlug, der ihn «mobben» wollte – «damals ging es wirklich um unsere Existenz».

Der Sohn ärgerte sich, dass die «ollen Kamellen» immer wieder aufgewärmt wurden. Und als sein bester Freund, der mit im Hause wohnte, einmal das Zimmer verließ, bedrängte er seine Mutter, sie möge doch bitte, bitte das belanglose Zeug für sich behalten, «das interessiert doch heute nun wirklich keinen Menschen mehr».

Die alte Dame, die spätestens in dieser Sekunde erkannte, dass sie bei ihrem Sohn nicht zu Hause, sondern eben doch nur zu Besuch war – «Jeder hat sein eigenes Leben, Mutter!» –, unterließ es fortan, in die Schatzkammer ihrer Erinnerungen zu steigen. Bis ein paar Tage später etwas Seltsames geschah.

Der Freund ihres Sohnes fragte eines Abends eher beiläufig, aber doch unüberhörbar: «Sie wollten mir doch noch erzählen, wie Ihr Mann bei Kriegsende in Hamburg aus den Trümmern gerettet wurde …»

Kein Dichter kann mit Worten die Verzauberung beschreiben, die die alte Dame innerhalb von Sekunden ergriffen und überwältigt hatte. Die seelischen Fesseln, die ihr Sohn um sie gelegt hatte, waren gesprengt, und so berichtete sie, wie es damals war, in der zerbombten Hansestadt, «der Tod lauerte 1945 an jeder Ecke».

Der nächste Morgen war der Tag der Abreise, der Sohn brachte die Koffer zum Taxi. Dabei hörte er – und er glaubte seinen Ohren nicht zu trauen –, wie sein Freund sich bei der alten Dame ebenso höflich wie herzlich bedankte: «Es war beeindruckend, Ihnen zuzuhören.» Und er entdeckte im Gesicht seiner Mutter ein Lächeln, wie er es in all den Tagen bei ihr nicht gesehen hatte.

Um es genau zu sagen: Der Sohn fühlte sich beschämt. Nicht nur, weil er viel zu oft versucht hatte, seiner Mutter das Wort abzuschneiden, ihren Redefluss zu unterbrechen. Ihm war durch die Bemerkung seines Freundes auch klar geworden, dass man einem Menschen niemals und um keinen Preis seine Geschichte rauben darf, erst recht nicht einem alten Menschen, dem nicht mehr so viele Erlebnisse zuwachsen, die sich später zum Weitererzählen eignen – und schon gar nicht der eigenen Mutter.

Das Schlimmste aber war, dass er einen Satz nicht zurückholen konnte, den er ihr mit schneidender Stimme zugerufen hatte: «Lass die Vergangenheit doch bitte endlich Vergangenheit sein.»

Der junge Mann wird es noch lernen, je öfter er seine eigenen Schritte in das geheimnisvolle Land des Alters lenkt: Es stimmt eben nicht nur das Dichterwort, wonach die Tür zur Vergangenheit «sich nicht ohne Knarren öffnen lässt», wie er es gerade mit seiner Mutter wieder erlebt hat; auch ein anderes Wort ist von ewiger Gültigkeit: Erinnerungen sind ein Paradies, aus dem man nicht vertrieben werden kann.

Ob diese Erinnerungen eine Last oder eine Freude sind, ist allein eine Frage der Lebensklugheit, da kann die vergangenheitssüchtige Mutter noch einiges lernen – und der ungeduldige Sohn auch.

Die alten Freunde sind die besten

Als ich seine Nummer wählte, wollte ich den Hörer plötzlich wieder zurücklegen, zu lange hatten wir uns nicht gesehen, mindestens zehn Jahre, die Bekanntschaft hatte sich über die Jahre verflüchtigt, sie hatte sich eigentlich sogar aufgelöst – was also treibt mich, ihn anzurufen, weil ich zufällig durch diese Stadt fahre, von der ich nur weiß, dass er noch immer in ihr wohnt?

Ist es – so fragte ich mich weiter, während ich langsam die nächsten Zahlen drücke – pure Neugier auf den Menschen, mit dem ich ein paar Jahre das Büro geteilt hatte, ist es Vorfreude, ist es einfach der Wunsch, den Abend in der fremden Stadt abseits des kühlen Hotelzimmers zu verbringen, in irgendeiner privaten Umgebung, wo alle Gespräche damit beginnen, dass man sagt: «Mensch, wie war das damals noch?»

Was treibt uns Menschen dazu, hin und wieder die alten Wege zu gehen, die alten Gesichter zu schauen, die alten Stimmen zu hören, die vertrauten Gedanken wiederzufinden? Will man sein Leben messen, indem man in ein anderes hineinschaut – was hat man, im Gegensatz zum anderen, falsch, was richtig, was besser, was schlechter gemacht?

Seine Frau war am Apparat. Ja, sie würde sich noch an mich erinnern. Ja, ich könne Rolf sprechen, ich möchte doch in einer Stunde nochmal anrufen. Ihr Mann habe sich etwas hingelegt. Nun, ich wolle ja nicht stören. Nein, ich würde nicht stören, er würde sich freuen. Also dann bis um sieben. «Aber bitte, zum Abendbrot.»

Ein paar Blumen. Ein Taxi. Häuschen im Grünen, am Stadtrand. Klingeln. Und dann: Er steht vor mir. Er ist zehn Jahre älter geworden – und noch ein bisschen mehr. Er geht langsam. Er spricht langsam. Ich freue mich, dass wir ganz schnell wieder in der Erinnerung beieinander sind. Wir lachen sogar. Die alten Büroscherze! Die Erinnerung an die irre Party, als ich ging und die Stadt verließ. Die Sekretärin sei kurz darauf auch weggezogen. Es sei überhaupt alles ganz anders geworden. Und dann sei Ärger in die Firma gekommen. Und dann: sein Herzinfarkt!

Nun wusste ich also, warum er so langsam sprach und warum er so langsam ging. Die Frau sagte etwas vom Kräftehaushalten.

Plötzlich hatte ich ein schlechtes Gefühl. Ich hatte ja für einen Augenblick gedacht, ich lasse es sein, ich besuche ihn nicht, wenn sie ihn nicht einmal ans Telefon holt, «weil er sich hingelegt hat» – wenn ich ihm so wenig bedeute, dass er nicht einmal geweckt werden kann, dann gehe ich doch lieber ins Kino.

Als ich gegen Mitternacht zurückfuhr, war ich unendlich dankbar. Abendessen im Hotel ist gut, Kino ist gut, durch fremde Straßen gehen ist gut – aber was ist das alles, wenn ich dagegensetze: das Gespräch, das Herbeizaubern der Erinnerung, das Gefühl, ein Stück gelebtes Leben noch einmal im Zeitraffer neu zu sehen – und die Flüchtigkeit des Lebens für einige Stunden festgehalten zu haben.

Und noch im Taxi dachte ich: Die alten Freunde sind sogar noch dann die besten, wenn man sie schon fast verloren glaubte.

Das Gewissen lässt sich nicht bestechen

Das Ereignis liegt über ein Jahrzehnt zurück. Ich müsste es längst aus meinem Gedächtnis gestrichen haben. Es war ein Sekunden-Vorfall. Ich kam todmüde, abgekämpft aus dem Moloch Kairo zurück nach Port Said. Eine zweistündige Fahrt durch die Nacht. Rechts die Lichter der Schiffe auf dem Suezkanal. Über mir die hellsten Sterne meines Lebens, die ich erst sah, als ich den Bus verließ, um zurückzukehren auf das Schiff, das mich im Hafen erwartete, das «Traumschiff» des Deutschen Fernsehens, die «M. S. Deutschland», auch dieser Name spielt eine Rolle.

Denn was mich an der Gangway, nachts um zwei Uhr, erwartete, waren Männer und Frauen, die uns selbst gebastelte Handtaschen, Geldbörsen, im Grunde Krimskrams, mit ihren Armen entgegenstreckten – während ihre Beine bis zum Knie im Wasser standen.

Ein Mann, offensichtlich der Vater eines der Kinder, die uns ebenfalls mit tellergroßen schwarzen Augen flehentlich anstarrten, hielt mir einen Teddy hin, ich möge ihn kaufen, ich war der letzte von etwa hundert Heimkehrern der luxuriösen Stadt- und Pyramidenbesichtigung.

Es war ein herzzerreißender Anblick: Dieser arme Mann, nachts auf die deutschen Kreuzfahrer wartend, die als großzügige Touristen galten, und ich huschte an ihm vorbei. Den Blick des Mannes werde ich nie vergessen – diese Enttäuschung, diese Bitterkeit, das ganze Elend der Welt schaute mich an. Und die Handbewegung, mit der er den Teddy in seinen Korb fallen ließ, konnte nur eines bedeuten: wieder nichts, wieder nichts, wieder nichts. «Ich hier im Überlebenskampf, der mich auch nachts an die Luxusschiffe treibt, und dort der Tourist, dem es ein Leichtes gewesen wäre, sein Portemonnaie zu öffnen … und sein Herz.»

Ich habe es nicht getan. Ich weiß nicht, warum. War es nur Erschöpfung nach der Tagestour? Nichts entschuldigt letztlich mein kühles Vorbeihuschen an diesem Mann. Mein Gewissen sagte mir schon Stunden später, als das Schiff Richtung Heimat aufbrach: Du hast versagt! Du hättest ein paar Dollar geben müssen, du hättest es auch mühelos gekonnt.

Ich erzähle diese kleine Geschichte, weil ich sagen will: Das Gewissen lässt sich nicht bestechen. Nicht mit schlechten Argumenten beruhigen. Es meldet sich, es beißt dich. Wir kennen das auch aus unserer Sprache: Wir haben «Gewissensbisse». Und nun schlage ich einen weiten Bogen zu einer Frage, die mich schon lange beschäftigt: Wie steht es eigentlich mit dem Gewissen unserer Politiker? Ich denke beispielsweise an die Unverschämtheit, mit der ein Spitzenpolitiker seinen Wählern hinterherruft, sie seien selber schuld, wenn sie seinen Wahlversprechen Glauben schenken. Oder ich frage mich, wenn ich von Schmiergeldaffären, Doping-Skandalen, Bestechungen, Korruptionen höre und lese, ob nicht viel zu viele Politiker ihr Gewissen an der Garderobe vor dem Einlasstor zum geheimnisvollen Land der Politik abgegeben haben. Denn wie ist es sonst zu erklären, dass jetzt in einer weltweiten Gallup-Umfrage 76 Prozent aller Deutschen ihre Politiker für unehrlich halten, ihnen kein Wort glauben, sie mögen in Talkshows reden-reden-reden. Nur in Albanien und Costa Rica sind die Werte schlechter, auch das noch!

«Das Gewissen ist eine Uhr, die immer richtig geht, nur wir gehen manchmal falsch» – ein wunderbares Bild von Erich Kästner. «Ein bös' Gewissen ist ein Hund, der allzeit bellt», so der Mönch und Kanzelredner Abraham a Santa Clara schon vor dreihundert Jahren. Aber bellen die Hunde heute noch? Kann man Menschen, die andere Menschen hinters Licht führen, überhaupt noch «ins Gewissen reden», oder ist das vergebliche Liebesmüh, weil das Gewissen abgeschaltet wurde wie ein Lichtschalter?

Wie viel Zeit ist eine Freundschaft wert?

Es sind Jahre vergangen, aber ich sehe die frühmorgendliche Szene noch genau vor mir. Meine Frau fragte mich plötzlich: «Was ist eigentlich mit Fred los?»

Sie sagte das ohne jeden Anlass, einfach so. Und ich sagte: «Ich weiß auch nicht, warum er sich nie mehr meldet.» Der gute alte Freund war in eine andere Stadt gezogen, eine Autostunde entfernt, kein Problem, um sich hin und wieder zu sehen, was ist schon eine Autostunde? Ein Klacks. Für eine Freundschaft ist eine Stunde im Auto ein Klacks. Aber – diese Autostunde hat es nie gegeben, weder von ihm noch von mir.

Jetzt lag zwischen Rechnungen und Reklamedrucksachen in all der Post, angesammelt nach einigen Ferienwochen, ein Brief, bei dem ich schon in der Sekunde, da ich ihn erblickte, das Gefühl hatte: Dieser Brief birgt nichts Gutes. Am Umschlag lag es nicht, an der Handschrift auch nicht. Die war gut leserlich, wenn mir auch fremd.

Erst der Poststempel der benachbarten Stadt gab mir einen Hinweis: Es könnte Fred sein, der sich, endlich nach Jahren des Schweigens, wieder meldet. Aber – es war nicht seine Handschrift! Nicht diese schwingende Handschrift, die mir so gut gefiel. Nein. Diese Buchstaben standen eckig, hoch aufgerichtet, dicht aneinandergedrängt, als wollten sie sich gegenseitig schützen – fröhlich sah dieser Umschlag mit dieser krakeligen Schrift wahrlich nicht aus.

Und so war es auch: Der Inhalt dieses Briefes war kein Brief, er war eine Nachricht, mit Datum und Absender, und eine Bekanntgabe des Friedhofes, wann und wo man Abschied nehmen könne, und ein Spendenkonto am Schluss, für die Krebsstation einer Klinik – von Blumen und Kränzen möge man bitte absehen – dabei liebte Fred Blumen über alles, Rosen vor allem, dunkelrot mussten sie sein in ihrer vollen Pracht, wie ein Kind freute er sich, wenn er mir im Garten sein «Roseneck» zeigte.

«Hier, lies mal», sagte ich nun und gab die Nachricht meiner Frau, «müssen wir zur Beerdigung?» – «Ich weiß nicht, wir haben ja schließlich jahrelang nichts von ihm gehört. Er hat sich ja aus unserem Leben praktisch abgemeldet, ohne jede Vorwarnung.» Aber da war doch mal was, ich denke nur an unsere gemeinsamen Ferien an der Ostsee. Und dann mit den Kindern der erste Aufbruch nach Italien. – «Lange, sehr lange ist das her.»

Nun begann die Spurensuche: Wer hat eigentlich begonnen, aus unserer Freundschaft auszusteigen? Die vielen Jahre im Büro, Tür an Tür – die Intrigen, die Triumphe, die vielen quälenden Konferenzen, als die Firma in die Krise rutschte, das alles hatten wir zusammen erlebt – und dann war plötzlich Sendepause. Ich erinnere noch genau, dass mein Weihnachtsgruß vor zwei Jahren von Fred nicht beantwortet wurde. Ein Gefühl, als ob der Strom ausfällt, du stehst im Dunkeln, du rufst, kein Echo.

Und was kam dann? Dann kam dieser verdammte hochmütige Stolz. Soll Fred sich doch melden: Er hat ja auch ein Telefon. Er weiß ja, wo ich bin. Er hat ja versprochen anzurufen, nach dem Umzug, wenn alle Möbel ihren endgültigen Platz gefunden haben. Aber er hat sich nicht gemeldet. Also melde ich mich auch nicht. Weihnachtspost nicht beantworten, wo kommen wir denn da hin!

Wann immer meine Frau und ich in der folgenden Zeit auf Fred zu sprechen kamen – und es war immer seltener der Fall –, fühlten wir uns im Recht. Wir warteten auf sein Lebenszeichen. «Auch die bittersten Worte, die Menschen einander sagen, wirken selten so entzweiend wie die unausgesprochenen Worte, die der eine vom anderen vergeblich erwartet», schrieb Hans Carossa und vollendete den Satz mit einer Lebensweisheit, an die ich im Traum bisher nie gedacht hatte: «Bestimmung scheint es zu sein, dass keiner dem anderen solch ein Wort nahelegen darf; unverhofft und frei muss es kommen, sonst geschieht kein Wunder.»

Ich legte die Nachricht auf meinen Schreibtisch. Ich hatte plötzlich das bittere Gefühl, mich an unserer Freundschaft versündigt zu haben mit diesem trotzigen Satz «Soll er sich doch melden». Und nie werde ich erfahren, warum die von mir erwarteten Worte von Fred nicht gekommen waren, warum das Wunder ausblieb. Und es sagt mir noch eins: die verbleibende Zeit mit jeder Stunde zu nutzen.

Liebe in der Todesnähe –
Marcel Reich-Ranicki über Theodor Storm

Mein Gott, welch eine Szene! Vor den Toren der dahinsterben-
den Stadt Warschau. Der Zweite Weltkrieg hat begonnen. Stukas
stürzen wie schwarze Vögel vom Himmel, bringen Tod und Ver-
derben. Ein junger Jude und ein junges Mädchen gehen Hand
in Hand. Die Pripjetsümpfe sind öd und leer, die Wiesen feucht.
Die beiden haben sich vor Stunden kennengelernt.

Die Achtzehnjährige steht noch ganz im Bann eines Gedich-
tes, das sie soeben in der Schule gehört hatte: «Heute, nur heute,
bin ich so schön. Morgen, ach morgen, muss alles vergehen.»
Der junge Mann an ihrer Seite weiß auf Anhieb, von wem
diese Verse stammen. Ja, er kann ihr sogar die Lebensgeschichte
des Poeten erzählen. Hier in den Sümpfen sprechen sie über
«Immensee» und über Theodor Storm, der schon seit sechzig
Jahren tot ist.

Und der junge Mann, der Marcel heißt, zitiert ebenfalls einen
Vers, in dem Storm die Stimmung seiner norddeutschen Heimat
eingefangen hat: «Kein Klang der aufgeregten Zeit, drang noch
in diese Einsamkeit.» Aber dann schauten die beiden hinauf in
den Himmel und sahen die todbringenden Flugzeuge – und alle
Romantik war zerstört.

Aber die wunderbare Lovestory hatte schon begonnen, und
die beiden blieben sechs Jahrzehnte zusammen – die Hochzeit
im Warschauer Ghetto hat sie zusammengeschmiedet für alle
Zeit. Das liest sich im Rückblick wie eine Geschichte, die nicht
von dieser Welt ist, weil ihre Liebe nicht angekränkelt ist von
dem Zeitgeist der Beliebigkeit.

Marcel erzählt, wie er damals – polnische und deutsche
Verse zitierend – mit seiner Tosia spazieren ging, bis er plötzlich

Tränen in ihren Augen entdeckte. «Da habe ich das Einfachste, das Naheliegendste getan: Ich habe sie geküsst.»

Und jetzt, im Jahr 1999, beschließt er seine Lebenserinnerungen mit einem Wort von Hugo von Hofmannsthal. Es lautet: «Ist ein Traum, kann nicht wirklich sein, dass wir zwei beieinander sein.» Man muss diese Zeilen in sich nachschwingen lassen, um den Zauber dessen zu spüren, was sich in ihnen verbirgt.

Mich hatte dieses Zitat sofort bezaubert, als ich das Buch von Marcel Reich-Ranicki im Buchladen in die Hand nahm. Und plötzlich wusste ich: Dies ist ein Buch, das dem Imperativ gerecht wird – den Franz Kafka so meisterhaft formuliert hat: «Ein Buch muss die Axt sein für das gefrorene Meer in uns.»

Und so ist es geschehen. Im Widerschein dieser Erinnerungen wird man demütig, fühlt sich auch beschämt – was hat man schon für ein Schicksal, verglichen mit der Todesnähe, die diese Liebe seit der Hochzeit im Ghetto über viele Jahre bedrohte!

Und wieder gab es diese beglückende Erfahrung, die das Lesen schenkt. Zwar gleiten meine Blicke nur über Buchstaben, aber ein magisches Geschehen bewirkt, dass meine Phantasie Flügel bekommt, dass sich die Gedanken aufschwingen aus den Niederungen des Alltags in neue fremde Welten.

Es sind nur sechsundzwanzig Buchstaben, die dieses Wunder bewirken, vorausgesetzt allerdings, ein Meister hat die Buchstaben in die richtige Reihenfolge gebracht. Aber wie selten geschieht das! Wie viel wird heute gedruckt – und rauscht doch spurlos an uns vorbei.

Und wann liest man schon mal die Geschichte einer Liebe, zu der auch jenes Gedicht passen würde, das Theodor Storm niederschrieb, es ist eines meiner liebsten. Dieses Gedicht lautet:

So komme, was da kommen mag,
solang du lebst, ist es Tag.
Und geht es in die Welt hinaus,
wo du mir bist, bin ich zu Haus.
Ich seh' dein liebes Angesicht,
ich seh' die Schatten der Zukunft nicht.

Karriere ja oder nein? «Fahre nur mit so viel Dampf, wie gerade da ist»

Lieber junger Freund, nun werden Sie vierzig Jahre alt, feiern einen runden Geburtstag, fragen mich, den Älteren, «Erfahreneren», wie Sie mit einem Problem fertigwerden können, das sich – erstaunlich genug in diesen total materialistischen Zeitläufen – in Ihrer Seele abspielt: «Lohnt es sich noch, beruflich mit aller Kraft in eine Zukunft zu investieren, wie sie sich doch eher etwas düster am globalisierten Horizont abzeichnet?»

Und dann verrieten Sie mir noch, Sie hätten «richtig Bammel» vor diesem Sprung in das «entscheidende Jahrzehnt» im Kalender Ihres Lebens. Denn mit vierzig wäre es höchste Zeit, die Weichen noch einmal in Richtung Karriere zu stellen, hinauf in die Veloursetage, wo Macht gelebt und genossen wird – hat man es mit vierzig nicht geschafft, «sind alle Züge abgefahren».

Der Zufall wollte es, dass wir unser Gespräch für die «Tagesschau» unterbrachen. Und was sahen wir dort? Wieder einmal das Trauerspiel unserer Tage: den Sturz der Manager-Götter. Innerhalb weniger Tage musste zum zweiten Male einer der ganz Großen seinen Sessel räumen. Ein Mann, der einer Firma vorstand, von der man gutgläubig dachte, da kann so etwas nicht passieren: eine Fehleinschätzung des Marktes mit der Folge von Millionenverlusten und einem Heer von neuen Arbeitslosen, niedergestreckt am Boden.

Und so wollten Sie – nach dem Wetterbericht, der auch nur passend zur Stimmung herbstliche Stürme versprach – von mir nur eines wissen: Ist es nicht besser, sein Leben klein-klein zu führen, «den Ball flach zu halten», um sich abzusichern in einer Arbeitswelt, in der zunehmend Heuern und Feuern das Monopoly des Lebens bestimmt?

Lieber Freund, hinter Ihrer Karrierefrage verbirgt sich in Wahrheit eine viel wichtigere Frage: Wie halten Sie es mit der Sinnfrage Ihres eigenen Lebens? «Das Leben hat keinen Sinn außer dem, den wir ihm geben», schrieb der amerikanische Dramatiker Thornton Wilder («Wir sind noch einmal davongekommen»), ein Wort, über das Sie sehr wohl nachdenken sollten, um im Selbstgespräch oder im Dialog mit dem liebsten Menschen an Ihrer Seite eine Antwort zu finden. Und erst wenn diese Kursbestimmung gelungen ist, sollten Sie sich entscheiden: Gipfelsturm – mit allen Strapazen, Verwundungen, aber auch glanzvollen Augenblicken, oder ein Leben in dem zurzeit wieder aktuell gewordenen Stil, den man «Downshifting» nennt, was so viel bedeutet wie: Herunterschalten aller Anstrengungen, Kürzertreten, Aussteigen aus dem sogenannten «Rattenrennen». Also lieber Abteilungsleiter als Chef, also lieber klein-klein, wie Sie es formulierten, als großer Boss im Global-Player-Zirkus.

Alle diese Fragen rund um den Beruf sind nicht neu, kommen in Wellen immer wieder. «Mehr Glück durch weniger Arbeit?» lautete schon am 17. Oktober 1971 die Überschrift meiner Sonntagskolumne, also vor sechsunddreißig Jahren, als die große Verunsicherung durch die Achtundsechziger in unseren Köpfen Einzug hielt. «Da wir Menschen Gott aus dem Blick verloren haben, stellen wir im Warenhaus unserer Träume ein paar Götzen auf, darunter die Selbstverwirklichung», schrieb ich damals, und meine Beobachtung: «Wer fleißig, zuverlässig, pünktlich arbeitet, kommt sich manchmal schon wie ein altmodischer Trottel vor», hatte nur ein Leserbrief-Echo: Hier bahnt sich in der Tat eine trostlose Entwicklung an.

Inzwischen ist das Pendel zurückgeschlagen, und so kann ich nur mit einer Handreichung dienen, die aber deshalb gültig ist für alle Zeiten, weil sich der Mensch im Kern nicht ändert. Und diese lautet: «Das Leben wurde uns nicht verliehen, um ganz im Streben nach dem aufzugehen, was wir zurücklassen müssen, wenn wir sterben.» Ob also «Downshifting» oder Gipfel-sturm, die Wahl bleibt bei Ihnen, und niemand kann sie Ihnen abnehmen. Für den Weg zum selbstgestellten Ziel allerdings hat Theodor Fontane das Gültige gesagt: «Die Kunst der Lebens-führung besteht bekanntlich darin, mit so viel Dampf zu fahren, wie gerade da ist.»

Die Frage traf mich wie ein Pfeil:
«Warst du immer lieb genug zu deiner Mutter?»

Meine Mutter ist schon lange tot. So an die zwanzig Jahre. Oder besser: seit gut zwei Jahrzehnten. So wird deutlicher, dass es zwei mächtige Zeitblöcke sind, die sich zwischen ihren Sterbetag und meine Erinnerung an sie geschoben haben. Und ich müsste lügen, würde ich behaupten, dass ich heute noch tagtäglich an sie denke.

Aber es ist auch nicht so, dass ich nicht immer wieder, in unregelmäßigen Abständen, die Stimme meiner Mutter zu hören glaube, die angesichts des explodierenden Wirtschaftswunders nach dem Krieg oft klagte: «Von allem gibt es zu viel.» Zu viele Autos auf den Straßen, zu viele Bücher in den Regalen, zu viel Reklame im Fernsehen, zu viele Termine in meinem Kalender, zu viele Politiker-Versprechungen vor Wahlen, zu viele Angebote in den Supermärkten – «Das macht die Menschen auf die Dauer doch ganz verrückt».

Während wir Jungen noch nach vorne stürmten, hatte sie, die siebzig hinter sich, längst den Wunsch vieler älterer Menschen: Sie wollen den Lauf der Jugend nicht mit unerbetenen Ratschlägen stören.

Dass die Erinnerung an meine Mutter mit der Zeit verblasste, ist der Lauf der Welt. Und wenn sie doch einmal auftauchte, war diese Erinnerung herzlich, milde und von Dankbarkeit darüber erfüllt, dass ihr Sterben ein sanftes Sterben war, jedenfalls von außen betrachtet. Und so lebte ich in der schwerelosen Selbstgewissheit, alles getan zu haben, was ein «guter Sohn» tun kann: Telefonate, Besuche, Geschenke, Blumengrüße, auch mal eine Geldüberweisung.

Bis mich meine Frau jetzt beim Betrachten alter Fotos

plötzlich fragte: «Hand aufs Herz, warst du wirklich immer lieb genug zu deiner Mutter? Gerade auch in ihren letzten Jahren, als sie dich mehr noch als früher gebraucht hat?» Ein Pfeil hätte mich nicht schmerzhafter treffen können. Aber noch wich ich aus: Was meinst du mit dieser Frage genauer? Ist die Liebe eines Kindes plötzlich messbar? Gibt es überhaupt eine Maßeinheit für Liebe jedweder Art?

Da hörte ich zu meiner Überraschung, dass meine Frau sich seit ein paar Tagen mit diesen Fragen herumquält, ohne eine Antwort zu finden. Diese Fragen klingen ganz einfach, sind aber erbarmungslos: Gab ich meiner Mutter im Alter die Liebe zurück, die ich in jungen Jahren von ihr empfangen habe? Ertrug ich ihre leisen Ermahnungen geduldig genug – alterskluge Bemerkungen, die manchmal in der Wiederholung nervten? Und habe ich dabei nicht übersehen, dass es ja immer nur Liebe war, mit der sie mein Leben begleitete?

Und dann diese ganz praktischen Dinge, die nach nichts aussehen und die doch so wichtig sind: Wie stand es mit meiner Toleranz gegenüber den Freundinnen, die meine Mutter um sich hatte, von denen mir einige doch sehr fremd blieben? Und vor allem: Habe ich genug Zeit mit meiner Mutter verbracht, als ihr Leben einsamer wurde, als sie nach langer glücklicher Ehe ihr Witwenschicksal zu ertragen hatte – und es offenbar klaglos meisterte, vielleicht um mich zu schonen?

Es wurde ein später Abend. Die Fragen konnten wir nicht so beantworten, wie wir es für unseren eigenen Seelenfrieden gerne gehabt hätten. Natürlich erinnerten wir uns der heiteren Stunden, die wir mit Mutter verlebt hatten, aber wir spürten auch, dass dies der eher hilflose Versuch war, aus den Untiefen dieser quälenden Fragen wieder aufzutauchen.

Am nächsten Morgen, beim Frühstück, kamen wir auf unser abendliches Gespräch noch einmal zurück, weil wir wussten, dass es gut wäre, einen Schlussstrich zu ziehen. Und so sagte ich zu meiner Frau, dass ich glaube, dass man Mutterliebe nicht messen kann, dass es auch kein Aufrechnen gibt, dass die Liebe der Mutter an keine andere Liebe heranreicht, auch nicht an die Liebe, zu der Kinder fähig sind, und dass es deshalb sinnlos für die Kinder ist, wenn sie nachträglich bilanzieren wollen, ob ihre Liebe «gereicht» hat.

«Das ist typisch Mann», erwiderte meine Frau lachend, «die Söhne glauben anscheinend immer, dass Mütter ihnen alles, aber auch alles verzeihen.»

Nun sagte ich nichts mehr. Was hätte ich in Wahrheit da auch noch wirklich sagen können?

Wellness-Wahn: «Um den Tod zu vermeiden, nehmen sich Leute das Leben»

Ich stehe nackt vor dem Badezimmerspiegel. Es ist sieben Uhr morgens. Meine Gestalt: zum Erbarmen! Kraftlos, leicht gekrümmt. Meine Haut: kalkweiß. Spuren eines deutschen Winters, der kein Ende zu nehmen schien. Ich schließe, von diesem Anblick erschrocken, meine Augenlider. Will nicht glauben, dass ich der bin, den ich da sehe. Wahrlich, ein Ritter der traurigen Gestalt.

Unmöglich, in diesem Zustand an die Strände des Sommers zu gehen. Wobei mich am meisten stört, was meine Großeltern noch liebevoll «Embonpoint» genannt haben, also das Bäuchlein, Lichtjahre von dem Waschbrettbauch entfernt, der mir in den Illustrierten jetzt überall begegnet – «Ein Mann muss nicht immer schön sein», diese alte Schlagermelodie gilt noch immer, aber er muss heute ein Waschbrett haben.

Ich beschließe, den Kampf sofort aufzunehmen. Besorge mir einschlägige Lektüre. Verblüffend, was es an Wellness-Wahnsinn alles gibt! Das «Kleopatrabad», mit Erdbeeren und Piccolo am Wannenrand serviert. Das Kokos-Sahne-Bad. Die Massage mit Kakaobutter. «Gershan» – die Massage mit dem Seidenhandschuh. Die Sprudelwanne mit pulverisierten Algen. Das Ganzkörperschlamm-Peeling. «Low Carb» – die «Ernährungsrevolution» aus den USA, verspricht, was eigentlich nicht zusammenpasst: Schlemmen und Abnehmen zugleich.

Und dann natürlich: Bewegung, Bewegung, Bewegung! Laufen, Laufen, Laufen! Berge rauf und runter, mit Stöcken, mit Schuhen, die zaubern können – «sie laufen praktisch von alleine». Ich hatte schon beschlossen, mich einzufädeln in das Heer der hechelnden Läufer, die frühmorgens um die Hamburger Außenalster toben, einige so erschöpft, dass ich denke: Die klappen jetzt wie ein Taschenmesser zusammen. Da fällt mir eine Schrift in die Hände, die das Gegenteil verkündet, die vor dem Gesundheitswahn warnt, der heute in unserer Gesellschaft wie eine Epidemie um sich greift. Kaum lese ich die ersten Zeilen, schon denke ich an meinen geliebten Hölderlin, der in seinem Gedicht «Patmos» die wunderbare Weisheit festgeschrieben hat: «Wo aber Gefahr ist, wächst das Rettende auch.»

Das Rettende nähert sich mir in Gestalt eines Chefarztes aus Köln-Porz, Berater der Vatikanischen Kleruskongregation, Mitglied des päpstlichen Rates für die Laien, der gegen «Diät-Sadisten» und den Fitness-Kult eine scharfe Klinge führt. Kernthese: Die Menschen glauben heute nicht mehr an den lieben Gott, sie glauben an die Gesundheit. «Und diese Gesundheitsreligion ist die teuerste Weltreligion aller Zeiten.»

Es gibt unter uns immer mehr Menschen, so die These des Arztes, die nur noch vorbeugend leben, «sie sterben dann gesund, aber auch wer gesund stirbt, ist definitiv tot». Daran kommt eben leider kein Mensch vorbei, er mag sich plagen und schinden, wie er will.

Körperkult also als Religionsersatz? Ja, so will es der Arzt verstanden wissen, der als prononciertester Kritiker der grassierenden Wellness- und Fitness-Bewegung gilt, der beispielsweise die Marathonläufe in den Städten für «Hochämter der Gesundheitsreligion» hält, «wo man schwitzende Gestalten in unsäglichen Kostümen rudelförmig im Kreis laufen sieht», da wendet sich der Arzt mit Grauen.

Natürlich muss es einen Grund geben, der zu solchen Phänomenen führt. Für Dr. Lütz steht fest: Wir leben heute in einem religiösen Vakuum, wir haben den spirituellen Reichtum der christlichen Tradition nicht mehr im Blick. Wenn mit dem Tod alles aus sein soll, dann ist es nur schlüssig, dieses irdische Leben so lange hinauszuzögern, wie es nur geht.

«Man bekämpft den Todfeind – den Tod. Doch dabei ereignet sich etwas Tragisches. Um den Tod zu vermeiden, nehmen sich die Leute das Leben: Sie bringen sich in Fitness-Studios und Wellness-Einrichtungen um unwiederholbare Lebenszeit.» Man erwartet von der Medizin das ewige Leben, von der Psychotherapie die ewige Glückseligkeit, den Pfad zu einem maßvollen Umgang mit der Gesundheit – ein bisschen Ausgleichssport, ein wenig Achtsamkeit bei der Ernährung – scheinen wir im Irrgarten der Verheißungen nur noch schwer zu finden.

Einen Tag später. Ich stehe wieder vor dem Spiegel im Badezimmer und denke: Wie komme ich zu einem Waschbrett? Aber dann denke ich an die Ersatzreligion. Und dann erinnere ich mich an eine etwas zickige junge Dame, die mir bei einer Party einmal von ihrem «Personal Trainer» vorgeschwärmt hatte. «Der ist für mich wie der liebe Gott: Wenn der mich frühmorgens durch den Wald hetzt, dann tue ich es, das würde kein anderer Mann mit mir fertigbringen. Ich sage Ihnen: Sie brauchen einen Personal Trainer, sonst klappt es nicht.»

Ich merke schon: Der Weg zum Waschbrett ist weit, mühsam und teuer. Ich glaube, ich lasse alles, wie es ist. «Auch das Leben verlangt ruhige Blätter im Kranz», schrieb Goethe. Ja, ich lasse es, wie es ist, ich bleibe das ruhige Blatt.

Mit fünfundsechzig – die ersten Schritte in das geheimnisvolle Land des Alters

Mein lieber junger Freund, ich darf Sie übermütig so anreden, obwohl Sie heute Ihren fünfundsechzigsten Geburtstag feiern, aber Sie sind ja noch «im Vollbesitz aller Kräfte», wie Sie mir sagten. Und doch wissen Sie: Die ersten Schritte in das geheimnisvolle Land des Alters stehen nun bevor, und da heißt es, wachsam zu sein. Sie baten darum, ich möge Ihnen meine Erfahrungen aufschreiben, ein «ideelles Geschenk», wie Sie sagten, ein materielles Geschenk wollten Sie nicht – «man hat ja heutzutage schon alles».

Also, lieber Freund, machen Sie sich auf schwere Kost gefasst!

Das Wichtigste vorweg: Erkennen Sie, Sie sind im Alter nicht mehr so wichtig. Man mag Ihnen Orden geben, Sie zum Vereinsvorsitzenden wählen, Sie noch nicht von den Gästelisten irgendwelcher «Events» gestrichen haben – bedenken Sie: Dies sind alles die mildtätigen Gaben von Menschen, die Angst davor haben, eines Tages selbst zum «alten Eisen» zu gehören.

Nach Goethe kann man die Erfahrung nicht früh genug machen, wie entbehrlich man der Welt ist, was bedeutet: Man soll vor allem jungen Menschen nicht auf den Wecker fallen mit Ratschlägen, die aus einer fernen Vergangenheit stammen. Was kann jemand, der einst mit fein ziselierter Sütterlinschrift seine Briefe schrieb, jemandem sagen, der heute mit E-Mail und Blackberry hantiert? Jede Generation erobert sich die Welt neu.

Gestern traf ich eine Mutter, die auf meine Frage nach ihrer fünfundzwanzigjährigen Tochter antwortete: «Sie besucht mich heute für drei Tage, erstaunlich und wunderbar.» Was daran so erstaunlich sei, fragte ich weiter. «Na ja, sie kommt immerhin aus Los Angeles, nur um mich mal wiederzusehen.» – «Für zwei Tage den Elf-Stunden-Flug?» – «Ja, so ist es, ihr Terminkalender gibt nicht mehr her.» Was bedeutet: Mit Ratschlägen für «Töchter aus gutem Hause», die einst gültig waren, kann man heute nichts mehr anfangen.

Eine weitere Erkenntnis: Sprich nicht dauernd von der Vergangenheit, es sei denn, die Geschichten sind so ungewöhnlich und amüsant, dass sie auch im überbordenden Medienzeitalter noch interessieren. Und auch dann gilt: Erzähle sie nur einmal. Frage, bevor du beginnen willst: «Hab ich das schon erzählt?»

Noch eines ist wichtig, lieber Freund: Sprich nicht über die Gesundheit, es sei denn, du wirst ausdrücklich nach den Erfahrungen mit Ärzten, Kliniken, Operationen gefragt. Und auch dann gilt, was früher in den Telefonhäuschen stand, um Warteschlangen zu vermeiden: «Fasse dich kurz!» Arthur Schopenhauer, dem wir den schönen Satz verdanken: «Die ersten vierzig Jahre des Lebens sind der Text, die restlichen Jahre sind der Kommentar», schrieb uns ins Stammbuch: «Jedes überflüssige Wort wirkt seinem Zwecke entgegen.» Also: keine Langweilerei, kein erhobener Zeigefinger.

Die praktischen Dinge des Alltags möchte ich nur kurz streifen: Sei nicht altersgeizig; erwarte nicht, dass andere dich dauernd einladen, lade selbst ein; zieh dich nicht zu jugendlich an; flirte ruhig einmal wieder; achte auf dein Gewicht; trainiere nicht nur die Muskeln; gib deinen Kindern und Enkeln alle Zeit der Welt – Kinder haben immer Vorfahrt vor jedem anderen Termin.

Das Wichtigste habe ich gesagt, das Allerallerwichtigste, mein lieber Freund, kommt jetzt: Das Alter nimmt nicht nur, es gibt auch. Das hat der liebe Gott sehr gut eingerichtet, dass wir bei konkreten Lebensfragen eine größere Urteilsfähigkeit haben, dass wir Wesentliches vom Unwesentlichen besser unterscheiden, dass wir mit mehr Gelassenheit den Verlust an Vitalität ausgleichen können.

Wir haben alle «konservierte Gefühle» in uns, Erinnerungen an Erlebnisse, die uns beglückten – und die uns keiner nehmen kann. Sie begleiten uns auf unserer Erdenreise, auch wenn wir mit Hermann Hesse wissen, dass das Schöne im Leben einen Teil seines Zaubers aus ebendieser Vergänglichkeit zieht. Und wenn auch der Körper die Spuren des Alters erleidet, erkenne den Reichtum des schon gelebten Lebens.

Es gibt wenig Menschen, die einen berühren

In meinem Journalistenleben habe ich mit Hunderten von Politikern gesprochen, sie in Interviews befragt, bei Pressebällen «privat» erlebt, auf Versammlungen ihren Reden gelauscht, unvergessen Kurt Schumacher in Hannover, Carlo Schmid in Lübeck, der feinsinnige hochgelehrte Mann von der Sozialdemokratie begeisterte mich vor verarmter, aber zukunftsgläubiger Zuhörerschaft in den Hungerjahren 1947/48 nach dem Krieg. Im Laufe der Jahre kam wirtschaftswunderlicher Luxus hinzu: In der Präsidentenmaschine ging es zu Staatsbesuchen nach Moskau, Madrid, Rom, Marrakesch – neben dem ausgerollten roten Teppich daheim hatten die Politiker nun auch den «fliegenden Teppich» wie im orientalischen Märchen.

Politiker sind, das durfte ich über Jahrzehnte hautnah beobachten, eine Spezialgattung Mensch. Und wenn ich jetzt den Film meiner Erinnerung zurückspule, so deshalb, weil eine Nachricht aus Jerusalem mich sehr berührte, obwohl ich Teddy Kollek, der im hohen Alter von fünfundneunzig Jahren verstarb, vor fünfzehn Jahren zuletzt gesprochen habe. Und ich fragte mich: «Warum bist du beim Tod dieses Mannes nachdenklich, und warum geschieht es so selten bei anderen Politikern, die du auch gekannt hast?»

Die Antwort lautet: Weil ich so einen wie Teddy nie wieder erlebte. Nicht in fünfzig Jahren. Obwohl stets hoch gefährdet, stand kein Polizist am Eingang seines Bürgermeisteramtes, gab es keine Sicherheitskontrollen. Wenn er um acht den ersten Frühstücksgast empfing, hatte Teddy schon zwei Arbeitsstunden hinter sich. Ein Mann, der schuftete und dennoch niemals müde war. «Wenn Teddy gefordert ist, dann ist er nicht müde. Und weil die Sorgen in Jerusalem nie aufhören, ist Teddy nie müde», verriet mir ein Mitarbeiter. Um sein Tempo durchzuhalten, mussten sich mehrere Sekretärinnen abwechseln. «Das Tragische ist, dass jetzt auch noch ein Telefon in sein Auto eingebaut wurde, nun hat er überhaupt keinen ruhigen Augenblick mehr», klagte eine seiner Sekretärinnen. Ja, Teddy forderte viel, von sich, von anderen, und wurde zugleich geliebt – vielleicht gerade deshalb?

Wer Teddy sprechen wollte, konnte ihn sofort sprechen. Kein umständliches Protokoll. Seine Tür stand immer offen. Wenn ich an das kleinkarierte Termin-Hickhack denke, das hierzulande abläuft, will sich ein Politiker mit seiner Kritikerin treffen, wenn ich daran denke, dass es sich bei uns immer gleich um ein «Gipfeltreffen» handelt, sobald zwei Spitzenpolitiker nur einfach miteinander reden, dann darf man sich nicht wundern, dass unsere Politiker auf der Skala der Zuneigung immer tiefer rutschen. Diese Polit-Inszenierungen ermüden die Menschen.

Sagt bei uns ein Bürgermeister: «Berlin ist arm, aber sexy», so ist das Partygeplapper. Wenn Teddy Kollek über seine Stadt sagte: «Jerusalem ist eine arme Stadt, aber reich an Freunden», dann hatte das einen anderen Klang. Und unvergessen ist für mich seine Antwort auf meine Frage, wie er seinen bevorstehenden achtzigsten Geburtstag feiern würde: «Geburtstage feiere ich nur, wenn ich dabei Geld für die Stadt bekomme. Wenn Sie wollen, können Sie gleich einen Scheck für die Jerusalem Foundation ausschreiben.» Dabei blitzten seine Augen – den Menschen möchte ich sehen, der dem Charme dieses Mannes widerstehen konnte!

Von 1965 bis 1992 war Teddy Kollek der berühmteste Bürgermeister der Welt, fünfmal durch Wahl im Amt bestätigt. Sein Credo lautete: «Wir Juden und Araber werden uns daran gewöhnen müssen, zusammen in einem vereinigten Jerusalem zu leben, in der Hauptstadt Israels.»

Als ich nach meinem letzten Besuch durch die biblische

Landschaft zum Airport Tel Aviv fuhr, dachte ich an das überlieferte Wort: «Zehn Maß von Schönheit kam in die Welt, Jerusalem bekam davon neun Maß, die übrige Welt eins. Und zehn Maß Leid kam in die Welt, Jerusalem bekam davon neun Maß, die übrige Welt eins.» Und ich wusste, dass mich die Sehnsucht nach dieser heiligen Stadt nie loslassen würde; und dass ich ihren Bürgermeister nie vergessen werde, den die Menschen ebenso respektvoll wie liebevoll Teddy riefen und bei dem – als Talisman? – in seinem Büro ein riesiger Teddybär auf dem Sofa saß.

Teddy war ein Mann, der sich nicht für eine – immer ungewisse – Zukunft aufsparte, sondern der dem Tag gab, was der Tag ihm abverlangte. Ein Mann, der total im «Jetzt» lebte; kein Sinnsucher, sondern einer, der den Sinn seines Lebens in der Erfüllung seiner alltäglichen Pflichten sah, die viele Menschen leider zu oft für nicht bedeutend halten – es in Wahrheit aber sind.

Ich habe eine große Sehnsucht nach Befreiung – von den ewigen Jeans

«Schreib dich nicht um Kopf und Kragen», sagte mein Enkel Philipp bei einer Familiendiskussion. «Du verbrennst dir nur die Finger», meinte Enkelin Anuschka. «Man wird dich für einen altmodischen Trottel halten», warnte mich meine Tochter Gaby. Mein Sohn Frank sagte kühl: «Wenn du vorgestrig wirken willst, mach es. Sonst lass es sein.»

Mit anderen Worten: Ich soll nicht so bescheuert sein, mich zu «outen», meine Vorbehalte gegen eine Mode, die heute jeder trägt, nach außen zu kehren. Aber irgendwann möchte man doch sich den Luxus gönnen, den Ratschlägen der Familie zu widersprechen, und so schreibe ich hier nun doch meinen Satz hin, der Deutlichkeit wegen in großer Schrift: ICH KANN KEINE JEANS MEHR SEHEN! Ich könnte auch schreiben: «Ich hasse Jeans.» Aber Hass wäre dann doch eine Nummer zu groß, zu XL-mäßig, um es modisch zu sagen.

Ja, ich gebe zu: Meine Augen sind jeansmüde. Meine Augen haben eine ungestillte Sehnsucht nach Schönheit, nach Stil und Eleganz, nach wechselnden Moden, nach frischen Farben. Ich liebe Röcke an Frauen, die beschwingt durchs Leben gehen. Ich mag auch Hosen, sofern es sich nicht um Jeans handelt. Denn ich bin total satt, was diese Einheitsmode angeht, die eigentlich keine Mode ist im Sinn des Begriffs. Denn Mode heißt wechselnder Zeitgeschmack, der sich vor allem und am auffälligsten in der Kleidung manifestiert (Knaurs Lexikon).

Der Zeitgeschmack wechselt heute so schnell, dass man den Entwicklungen kaum folgen kann. Sogar Lifestyle-Magazine hecheln hinterher, wenn sie von der Modefront berichten. Auch die Jeans selbst verändern sich, werden mit Steinen gewaschen,

mit Löchern, Rissen und Flecken versehen, mit Schmuck ver-
edelt, ja, sogar mit Kristallen verziert – pro Stück 995 Dollar,
aber es sind halt immer Jeans, und ich wundere mich, dass kein
Modeschöpfer aufsteht und sagt: Nun ist es aber genug!

Ich versuchte natürlich, meine Jeans-Aggression zu erfor-
schen, und so landete ich in den Kriegsjahren, als Uniformen
unser Straßenbild beherrschten. Aber dann kam nach 1945 die
Befreiung, und im neuen Freiheitsgefühl dachte ich: Nun ist das
mit Uniformen in jeglicher Form hoffentlich für immer und
ewig vorbei. Aber weit gefehlt!

Zwar gibt es überall um uns herum Wechsel und Veränderung. Das Tempo ist rasend. Minütlich überfallen uns neue
Nachrichten, die uns zwingen, fast alle Bereiche des Lebens
immer neu zu sehen. In der Wirtschaft, wo in den Vorstandseta-
gen Topmanager wie Kegel fallen. In der Liebe haben wir es mit
«Beziehungskisten» zu tun, in denen es ständig rappelt – jeder
zweiten Verbindung ist heute das vorzeitige Ende beschieden.
Lebenslange Treue ist längst nur noch eine Vokabel aus dem
vergilbten Poesiealbum der Vergangenheit. In der Kunst, im
Theater? Da ist Schamlosigkeit längst kein Tabu mehr. Nackte
Greise auf der Theaterbühne, so what? Nur eines bleibt und
bleibt und bleibt und ragt wie ein altes Wrack aus dem Meer der
Veränderungen: die Jeans-Hose, und das seit dem 20. Mai 1873,
als der aus Bayern stammende Levi Strauss die Idee patentieren
ließ, die Ecken von Hosentaschen mit Nieten zu verstärken.

Natürlich will ich das Kind nicht mit dem Bade ausschütten.
Natürlich sehe auch ich mit meinen jeansmüden Augen, dass es
tollsitzende Jeans an rasanten Frauen gibt, getreu der Werbung
eines Herstellers: «Wir versprechen den perfekten Po, denn der
Po ist das Wichtigste bei den Jeans. Unsere Passform ist einfach
sexy, sie hebt den Hintern und verlängert die Beine.»

Wer sich aber in unserem Straßenbild umschaut, der kann
die normalen Jeans glatt für Exemplare halten, die in die Alt-

kleidersammlung gehören. Was einst unter der Flagge der Freiheit von modischen Zwängen daherkam, ist heute für Millionen längst selbst zum Zwang geworden, indem sie sich in Jeans hineinzwängen. Wir sehen: Sogar bei dem modischen Symbol der Freiheit hat es die Freiheit schwer.

Ich bin nur ein Rentner – eine Nummer im Nullsummenspiel des Lebens

Darf ich Sie einmal kurz stören? Ich bin Rentner, nichts als ein Rentner, aber einer aus einem gewaltigen Millionenheer. Solche wie mich gibt's zuhauf. Wohin du heute in Deutschland auch kommst, ein Rentner ist immer schon da.

Dabei weiß ich trotz des Rentenrummels in den Medien, dass ich in Wahrheit nur eine Nummer bin im Nullsummenspiel des Lebens. Ich habe das meiste schon hinter mir. Sicher, ich atme noch. Ich lebe noch. Und so ein paar Jährchen würde ich gerne noch machen. Man wird ja bescheiden.

Obwohl selbst ein Rentner, kann ich das Wort Rentner partout nicht mehr hören. Ich hasse dieses Wort sogar.

Wenn die «Tagesschau» die Renten-«Problematik» zum hundertsten Mal als Spitzenmeldung serviert, möchte ich schreien: Hört auf, hört auf. Lasst uns Ruheständler doch endlich in Ruhe.

Und zeigt nicht immer Bilder, bei denen man das Erbarmen kriegt – gebrechliche Alte, die sich auf Krücken durchs Leben plagen. So schlimm ist es ja gar nicht. Man möchte nur nicht immer wieder daran erinnert werden, dass man zum alten Eisen gehört.

Dass das böse Wort «Rentnerschwemme» endlich zum Unwort des Jahres gekürt wurde, das war dringend notwendig, auch wenn «Unwort» selbst ein Unwort ist.

Aber bei dieser Verurteilung blitzte immerhin ein Rest von Anstand auf vor uns Rentnern, die wir doch nichts anderes getan haben, als Deutschland aus Trümmern aufzubauen – und denen nur ein gnädiges Schicksal vergönnte, nebenher trotz aller Strapazen und Opfer auch noch ein bisschen älter zu werden.

«Rentnerschwemme» – ein verräterisches Wort! Es klingt nach Überschwemmung und Zerstörung und sollte sicher nichts anderes ausdrücken als: Die Rentner fressen erst die Deutsche Mark und dann die Zukunft auf. Der «Rentnerberg», ein anderes böses Wort, erdrückt unseren Wohlstand.

Wissen Sie, wer mir leidtut? Es sind die jungen Menschen, die immer mehr an Beiträgen bezahlen sollen und die später immer weniger zurückbekommen.

Da konnte der Norbert Blüm seine Rentenpirouetten drehen und unverdrossen singen: «Die leistungsbezogene Rente ist sicher» – wer weiß denn heute, wie die Welt im Jahr 2030 aussieht?

Natürlich hat die Politik, die in die Rentenkasse schamlos mit «versicherungsfremden» Leistungen hineingriff, den Übeltäter längst ausgemacht. Es ist die «gestiegene Lebenserwartung», welche die Rentenformel durcheinanderbringt.

Hoffentlich fragt man nicht eines Tages, warum die Ärzte das Leben der Menschen über sechzig hinaus überhaupt verlängern – und macht die Medizin für die Rentenmisere verantwortlich.

Alles ist möglich, und der «Generationenvertrag», den es als versiegelte Urkunde nicht gibt, nimmt die Fasson von Lüftlmalerei an.

Ich sagte eingangs schon, dass ich nur ein kleiner namenloser Rentner bin, der hier einmal sein Herz ausschütten durfte. Der sich fragt, wo die Politiker geblieben sind, die den Schlamassel zu verantworten haben. Sie sind auf und davon, verzehren eine satte Pension, keine schmale Rente. Renten sind bekanntlich nur für Rentner da.

Meine größte Angst?

Dass es eines Tages bei uns heißen könnte: «Was, Sie sind alt? Haben Sie noch immer nicht begriffen: Wer alt ist, hat selbst Schuld!»

Dann wäre das Wort von der «Rentnerschwemme» nur ein kleiner Vorgeschmack auf größere Grausamkeiten gewesen. Hoffen wir, dass es niemals so weit kommt.

Die alten Schriften sagen: «Das Geld hat noch keinen reich gemacht»

Gestatten Sie, dass ich mich Ihnen vorstelle: Ich bin die Gier: Mich gibt es, seit es Menschen gibt. Ich gehöre zum Leben dazu. Natürlich versteckt man mich gerne, ich bin nicht so ansehnlich wie die Demut oder die Bescheidenheit, aber Sie dürfen sicher sein: Ich lasse mich nicht unterkriegen, auch wenn ich weiß, wie hässlich ich bin.

Zu meiner Freude beobachte ich, dass ich gerade in letzter Zeit immer mehr Freunde gewinne – so viel Gierige wie heute waren schon lange nicht mehr unterwegs. Dass die Gierigen schwer zu enttarnen sind, hat damit zu tun, dass sie unermüdlich erzählen, was sie alles Gutes tun, was sie Gutes bewirken wollen, sie sprechen von Verantwortung, die sie in sich fühlen, Verantwortung für ihr Land, ihre Partei, ihre Firma, Verantwortung für die Zukunft, für die zukünftigen Generationen …

Aber hinter all den hehren Worten versteckt sich – und ich weiß, wovon ich rede – immer auch die Gier, dabei zu sein, mitzumischen, zu befehlen, an die Pfründe heranzukommen.

Das war schon immer so, aber die Maskierungen waren früher geschickter, man verbrämte die Gier mit dem Appell an das Gute, Edle und Schöne – heute hingegen ist die Gier, wie so vieles in unserer Gesellschaft, nackt.

Ich verrate Ihnen auch, warum ich so in Blüte stehe: Die Medien haben mir eine zweite Spielwiese eröffnet. Der Weg zum öffentlichen Ruhm war einst mit harter Arbeit und mit Entbehrungen gepflastert. Heute genügt es, sich in einen Container einsperren zu lassen, und schon tauchen dich die Scheinwerfer in den Glanz, den man sich vom sogenannten Promi-Faktor erhofft.

Und Prominenz scheint der Zauberschlüssel zu sein, mit dem man jedes beliebige Schloss in dieser Gesellschaft knacken kann. Und dahinter erhofft man sich das Schlaraffenland, in dem sich die Sehnsucht nach Macht, Anerkennung und Reichtum erfüllt.

Wer heute sieht, wie die Artisten der Lebenskunst auf dem Hochseil balancieren, wie sie mit Millionen jonglieren, als sei das alles nichts, wie Gagen gezahlt werden, die es nach Adam Riese niemals geben dürfte, weil niemand von den Gierigen in Wahrheit so viel verdient, wie er bekommt – kurz: Wer den medialen Verheißungen glaubt, muss denken, sich in seinem Leben verirrt und das Tor zum Lunapark nicht gefunden zu haben, der jedem offen steht, wenn er nur so gestrickt ist wie die anderen: nämlich hemmungslos gierig.

Dass es hinter der Glitzerfassade nicht immer so rosig aussieht wie vermutet, wissen höchstens noch die Ärzte, die Psychologen und die Philosophen, wie beispielsweise der Franzose Montesquieu, der diesen fatalen Irrtum schon vor über zweihundert Jahren wunderbar formuliert hat:

«Wenn man nur glücklich sein wollte, so wäre das bald geschafft», schrieb der weise Mann. «Aber man will glücklicher sein als die anderen, und das ist fast immer deswegen schwierig, weil wir die anderen für glücklicher halten, als sie sind.»

Wenn Sie nun wissen möchten, wie Sie mit mir am klügsten umgehen, so rate ich Ihnen: Lassen Sie Gier nur in homöopathischer Dosis zu. Gerade so viel ist erlaubt, dass Sie lebensfähig sind, dass Sie nicht von Konkurrenten zur Seite geschubst werden, mag es am Buffet einer Party sein, wo es darum geht, noch etwas von dem Hummer zu erhaschen, mag es am Buffet des Lebens sein, wo die Siege und Niederlagen zu holen sind.

Und mit meiner hässlichen Schwester, die den Namen Neid trägt, sollten Sie sich erst gar nicht einlassen! Schon ein Flirt mit dem Neid trägt in sich den Keim des Missvergnügens.

Das Materielle, worum es ja meistens geht, wird sowieso allemal überschätzt. Wir wissen doch aus alten Schriften, dass kein Wort zutreffender ist als dieses: Das Geld hat noch keinen reich gemacht. Denken Sie mal darüber nach.

Berühmtheit ist kein Lebensziel – auch ein Siegeskranz verwelkt

Es erstaunt mich immer wieder, wie oft ich gefragt werde, was man tun müsse, um in die Glitzerwelt der Medien zu gelangen. Als Journalist müsste ich doch ein paar gute Ratschläge aus der Praxis zur Hand haben. Vor allem bei den jungen Menschen gibt es einen Hunger, aus dem normalen «grauen Alltag» auszubrechen.

Vor ein paar Tagen war es eine junge Dame, die unbedingt den Sprung wagen will – «Film, Fernsehen – irgendetwas in diesem Bereich». Sie sei entschlossen, ihrem Vater, der sich wünscht, dass sie in seine Computerfirma eintritt, einen Korb zu geben, «da will ich keinesfalls hinter einem Schreibtisch versauern».

Ihre Begründung: Man hat ja nur ein Leben. Und dieses Leben soll aufregend, interessant, farbig sein, und wo wird einem des Lebens ganze Fülle besser geboten als bei Film, Theater, Fernsehen, Presse oder Funk?

Und dann sagte sie, und das war der Tick zu viel: «Um ganz ehrlich zu sein: Ich möchte irgendwann eines Tages berühmt werden.» Damit hatte sie ihre Seelenkammer geöffnet, und was sie sich unter diesem «Berühmtsein» vorstellt, das kann man sich leicht denken: Leben im Scheinwerferlicht, Einladungen zu glamourösen Events, Presseinterviews, den ganzen Service und Luxus, den Stars genießen – und Aufmerksamkeit ohne Ende. Und ist nicht in unserer anonym gewordenen Massengesellschaft die Aufmerksamkeit, die einem Einzelnen zuteil wird, die kostbarste aller Währungen?

Ich habe für die ehrgeizige junge Dame ein paar Erfahrungen aufgeschrieben, weil ich sie verstehe: Der verführerischen

Wirkung, die die Medien ausüben, kann man sich nur schwer entziehen.

Die erste Regel: Der Wunsch ist nichts, das Talent ist alles! Den meisten ergeht es aber leider wie dem Dichter Friedrich Hebbel, der in seinem Tagebuch den Seufzer notierte: «Mein Talent ist zu groß, um unterdrückt zu werden; zu klein, um zum Mittelpunkt meiner Existenz gemacht zu werden.» Hier den goldenen Pfad zu finden ist schwer.

Die zweite Regel: Berühmtheit ist kein Lebensziel, vielmehr das Ergebnis ausdauernder und harter Arbeit. Der amerikanische Romancier John Updike brachte den Preis für die Teilnahme am Prominenzzirkus auf den Punkt: «Eine Celebrity zu sein ist schrecklich, man muss sich dauernd Mühe geben, für andere glücklich auszusehen. Schauen Sie sich an, was aus Truman Capote geworden ist: Er ist als Schriftsteller zerstört worden durch sein Interesse an der Seifenblase Ruhm. Ja, Berühmtheit ist wie eine Maske, die sich ins Gesicht frisst.»

Die dritte Regel: Man muss seinen Beruf leidenschaftlich lieben. Aus meiner Journalistenwelt kenne ich keine schönere Geschichte als die von dem ungarischen Journalisten Paul Tänzer, der in einem Vorort von Budapest das «Kleine politische Volksblatt» herausgab. Dieses minimale Blatt führte in den Jahren 1914 bis 1918 eine ungemein scharfe Sprache gegen Russland. «Kinder, ich habe einen Leitartikel gegen den Zaren geschrieben, ich sag' euch, der Zar wird sich kratzen» – mit diesen Worten warf Paul Tänzer in einem Café einige druckschwarze Exemplare auf den Tisch. Noch jahrelang beflügelte dieser Satz die sarkastische Phantasie seiner Kollegen. Man sah es so richtig: Atemlos trifft ein reitender Bote in Moskau ein, der Zar, aufgeregt wartend, reißt dem Boten die Zeitung aus der Hand, schlägt sie auf, überfliegt Tänzers Leitartikel und beginnt, sich wütend zu kratzen.

Hans Habe, der diese Story erzählte, fuhr fort: «Paul Tänzer war alles andere als lächerlich. Die Überzeugung von der

Wichtigkeit jeder gedruckten Zeile, das Premierenfieber vor jeder neuen Nummer, die Illusion, etwas ändern zu können und dass sich der Zar tatsächlich ‹kratzen› werde –, das allein macht den Journalisten. Wer keinen Funken Tänzer besitzt, hat den Beruf verfehlt.»

Zum Schluss noch einen kleinen Hinweis: In der Medienwelt, die von außen betrachtet so glanzvoll erstrahlt, geht es mindestens so hart wie in allen anderen Berufen zu. Auch hier gilt das Wort aus dem Korintherbrief: «Jeder, der an einem Wettlauf teilnehmen will, nimmt harte Einschränkungen auf sich. Er tut es für einen Siegeskranz, der verwelkt.» Um ehrlich zu sein, liebe Freunde: Dieses Verwelken geht bei den Medien heute besonders schnell vonstatten.

Wenn eine Freundschaft gekündigt wird auf Zeit

Noch nie hatte ich einen solchen Brief erhalten. Geschrieben hatte ihn eine gute Freundin, die in einer fernen Stadt wohnt, drei Autostunden muss man schon rechnen, wenn wir uns sehen wollen, hin und zurück sechs Stunden, das macht man nicht so oft, und so handelt es sich bei uns leider um eine eher unausgelebte Freundschaft, die mich mit dieser Frau verbindet, eine Ärztin, so um die fünfzig, eine wundervolle Frau, und wenn wir uns trafen, waren wir immer ein Herz und eine Seele.

Und nun: dieser Brief! Dieser höchst erstaunliche Brief. Dieses Eingeständnis ihrer Ohnmacht, die Freundschaft in den gewohnten Bahnen laufen zu lassen. Man hätte ihr eine neue große Aufgabe anvertraut, schrieb sie, «eine gigantische Herausforderung», etwas, was nur einmal im Leben schicksalhaft durch die Tür kommt, da müsse man zugreifen, das erfordere alle Kraft, und dann lese ich den entscheidenden Satz: «Dieses ganze Engagement lässt derzeit leider keine privaten Wünsche mehr zu.»

Mit anderen Worten: Deinem Wunsch nach öfterem Wiedersehen kann ich nicht folgen, erwarte von mir keine Post, keine Anrufe. Und wenn ich deinen Geburtstag vergesse, entschuldige auch dies: Ich will mich jetzt der großen Aufgabe ganz hingeben, mit Haut und Haaren.

Meine erste Reaktion: Traurigkeit! Wie kann man eine Freundschaft mit einem Federstrich ad acta legen. Die «liebe Freundin» tut schließlich nichts anderes, als mir zu sagen: Ich bin jetzt ganz Managerin, katapultiert in die dünne Luft, in der nur der Erfolg zählt, da muss ich nach Luft ringen, um bestehen zu können, «aber ich will es schaffen, viele Menschen erwarten es von mir, ich darf sie in meiner neuen Funktion nicht enttäuschen».

Nach dem ersten Schock schaue ich mir das Schreiben noch einmal genauer an, erkenne, dass es aus einem Computer kommt, ich bin also nicht der Einzige, dem «gekündigt» wurde – wenigstens das! –, und wollte mich im ersten Anflug der Enttäuschung hinsetzen, um ihr zu schreiben: Wie kannst du mir auf so abrupte Weise mitteilen, dass zwischen uns erst einmal Matthäi am Letzten ist?

Dann lese ich den Schlusssatz noch einmal, den ich mehr für eine Stereotype gehalten hatte: «Ich bin froh, dass ich mir Eurer Freundschaft und Zuneigung trotzdem sicher sein darf.» Mit anderen Worten: Versteh die Pause, die ich brauche, um meine Aufgabe zu erledigen – und bleibe mir gewogen.

Während ich mich trotz dieser versöhnlichen Schlussworte immer noch mit der Frage herumplage, ob man Freundschaft wie einen Lichtschalter ausknipsen kann, war es meine Frau, die mich eines Besseren belehrte. «Du bist egoistisch», sagte sie, «du willst Freundschaft nach deinem Gusto. Aber die gibt es nicht. Ist es nicht wunderbar, dass unsere Freundin uns um etwas bittet, was sie jetzt dringender als alles andere braucht, nämlich Zeit für sich selbst und ihre Aufgabe. Ich sehe diesen Brief ganz anders als du, ich sehe ihn als ein Zeichen des Vertrauens.»

Im weiteren Gespräch reifte dann auch bei mir die Erkenntnis, dass wir heute an Freundschaften wirklich ein völlig anderes Maßband anlegen müssen als frühere Generationen: Freundschaften müssen in unserem Zeitalter grenzenloser Mobilität – und phasenweise auch höchster zeitlicher Belastung – damit fertigwerden, dass sie sich nicht ständig verwirklichen können. Treue zum Freund ist heute mehr denn je gefordert, vor allem, wenn es darum geht, «einem Menschen zu folgen in all seinen Entfaltungen» (Max Frisch).

Das schließt heute leider oft auch ein, dass man sich längere Zeit nicht sieht, dass Freundschaft «einfach nicht stattfindet». Aber wahr ist auch das Philosophenwort, wonach ein Leben ohne Freunde eine weite Reise ohne Gasthäuser ist. Damit will ich sagen: Wenn es draußen doch einmal knüppeldick kommt, wenn die Karriere abstürzt, wenn Einsamkeit quälend wird, wenn man sich ganz verloren fühlt, dann ist es wechselseitig gut zu wissen, wo man einkehren und Schutz suchen kann.

Im Leben braucht man sehr lange, um jung zu werden

Mein lieber Freund, als Sie gestern so nebenbei sagten, Sie möchten heute alles sein, nur nicht mehr jung – und dies ist ein Satz, den ich von vielen älteren Menschen in letzter Zeit öfter hören musste –, da wollte ich Ihnen gleich antworten, aber die Gelegenheit war dann doch nicht günstig, schließlich sollte es ja ein heiterer Abend werden.

Darum schreibe ich Ihnen, denn was Sie da sagten, klingt traurig. Sie haben zwar die sechzig überschritten, die siebzig aber noch nicht erreicht. Sie bewegen sich im Niemandsland des Alters, unebenes Gelände ringsum, zugegeben, auch Sturzgefahr. Man muss die Schritte vorsichtiger setzen, doch der Horizont ist noch weit – und der klare Geist unterscheidet sehr wohl den Sonnenaufgang vom Sonnenuntergang.

Warum also, ja warum also wollen Sie nicht mehr jung sein, gerade heute? Ich vermute in Erinnerung unserer früheren Gespräche: Die Welt ist Ihnen zu laut, zu schrill, das Tempo ist zu groß, die Veränderungen sind zu gewaltig. Vielleicht reichen die Kräfte nicht mehr hin, vielleicht glauben Sie, den Wellenschlag einer noch unerklärlichen Müdigkeit zu spüren.

Das alles ist, wie es so schön heißt, durchaus menschlich. Nicht jedem ist es vergönnt, das Jungsein im Herzen über die Altersgrenze hinauszuschmuggeln, so wie es Winston Churchill gelang, den ein junger Fotograf nach einigen Aufnahmen für eine Illustrierte bat: «Ich hoffe, ich werde das Vergnügen haben, Sie an Ihrem hundertsten Geburtstag wieder fotografieren zu dürfen.» Churchill, an jenem Tag zweiundachtzig Jahre alt, antwortete knapp: «Ja gerne, junger Mann, vorausgesetzt, dass Sie bis dahin gut auf Ihre Gesundheit aufpassen.»

Wir sehen, alles im Leben ist relativ, und bei Altsein und Jungsein ist alles noch relativer, sodass es fast schon egal ist, wie relativ es ist. Für den einen ist das Alter eine große Sinfonie, in der alle Themen des Lebens noch einmal zusammenklingen; für den anderen ist es nichts als ein Spital, das alle Krankheiten aufnimmt, der weisen Worte gibt es viele.

Und wenn wir die Jugend betrachten, so gibt es auch da den weiten Flügelschlag: Jugend sei etwas Wunderbares, es sei nur schade, dass man sie an die Jugend vergeudet. Für den nächsten ist Jugend «Trunkenheit ohne Wein», wieder ein anderer sagt, es sei richtig, dass der Jugend die Zukunft gehört – aber bitte erst in der Zukunft.

Folgen wir gar dem Gedanken eines Pablo Picasso, dann ist das Verwirrspiel der widerstreitenden Meinungen über Jung und Alt perfekt. Das Genie hat für sich jedenfalls Erstaunliches herausgefunden: Dass man nämlich im Leben sehr lange braucht, um jung zu werden …

Für Sie, lieber Freund, bedeutet dies alles: Steigen Sie noch heute aus der Achterbahn aus, die umso schneller rauf- und runtersaust, je mehr Sie über dieses Zwillingspaar Jung-Alt nachdenken. Sie spüren doch selbst tief in Ihrem Inneren am besten, wie dicht alles beieinanderliegt.

Und wie war das vor ein paar Tagen in Venedig, lieber Freund? Sie haben mir doch selbst erzählt, wie glücklich Sie waren, nach achtstündiger Autofahrt – nonstop, wie Sie sagten – vor dem Dogenpalast zu stehen. Sie fühlten sich nach wochenlangem zermürbenden Hickhack in Ihrem Büro ausgelaugt. Und dann gab es plötzlich dieses berauschende Gefühl wiederentdeckten Lebens unter italienischer Sonne. Und das dumpfe Gefühl, nie mehr jung sein zu wollen, wich einem anderen: der Sehnsucht, die Schönheiten der Welt immer wieder umarmen zu können.

Hand aufs Herz: Waren Sie in Ihrer Jugend wirklich so oft so glücklich wie an diesem venezianischen Sommertag?

Zurück aus Miami in Frankfurt Airport

Warum verdunkelt sich plötzlich meine Seele? Wie kommt es, dass mit dem Nachtflug von Amerika nach Old Germany alle Freude verflogen ist? Gestern noch ein letzter Blick auf die in der Abendsonne rotgelb blinkenden Wolkenkratzer von Miami, heute Morgen dann der Schock: Airport Frankfurt am Main, Drehscheibe. Keine freundliche Begrüßung an der Passkontrolle, da könnten auch Roboter sitzen, Heerscharen von Managern drängen sich auf Laufbändern nach vorn, schubsen mich zur Seite, Kampf um Sekundenvorteile, jeder Zweite hat diesen starren Blick nach links unten – auf sein Handy, die Schnellfeuerwaffe der neuen Kommunikation.

Und alle diese Menschen, die das Schwungrad der deutschen Wirtschaft drehen und am Laufen halten, ohne deren Fleiß nichts ginge – alle diese Menschen ackern und rackern vom Januar bis weit in den Juli hinein nur für den Staat, den wir ob seiner Raffgier schon lange nicht mehr «Vater Staat» nennen können.

Während ich mein Gate zum Weiterflug nach München suche, springen mich am Kiosk Schlagzeilen an, überfallen mich wie Raubtiere: Justiz schockt Arbeitnehmer – Rentenlüge ist legal! Die ganze Armada des Schreckens ist wieder beieinander: die Gesundheitsreform, das Hartz-IV-Trauerspiel, das nach dem Motto abläuft: Es muss sich etwas ändern in Deutschland, sagen die sogenannten Experten, aber es darf nichts passieren, antworten die von Diskussionen und Reformen ermatteten Bürger.

Und wieder einmal wird mir nach Rückkehr aus dem Ausland brutal vor Augen geführt: Es ist diese deutsche Politik, die das Heimkommen so schwer macht. Es ist nicht die verlorengegangene Ferienstimmung, es ist auch nicht die Sonne, die sich hier so rar macht, es sind die Politiker, die mit irrwitzigen

Steuerplänen, maßlosen Forderungen an andere – nicht an sich selbst! – und mit gebrochenen Versprechungen das Klima vergiften.

Die Politik, die aufgerufen ist, den Menschen das Leben zu erleichtern, macht den Menschen in Wahrheit das Leben schwer, bis hin zur Verzweiflung. Nicht nur bei den Rentnern, auch viele junge Menschen sind inzwischen «Deutschlandmüde», wandern aus – es sind oft die Besten.

Kein Wunder, dass Politiker das Schlusslicht sind, wenn Bürger gefragt werden, wem sie ihr Vertrauen schenken – Feuerwehrleute und Krankenschwestern besetzen die Spitzenplätze, auch Piloten sind ganz vorn, aber nicht Politiker, die uns sicher durch die Turbulenzen der Geschichte steuern sollen, wie es zuletzt Helmut Kohl gelungen ist, dem «Kanzler der Einheit».

Beim Anblick des Fotos von Wahlsieger Kurt Beck, das den neuen SPD-Vorsitzenden zeigt, der ebenfalls unverfroren in unsere Taschen greifen will, stellte ich mir die Frage: Bei welchem unserer heutigen Politdarsteller wäre ich traurig, wenn es ihn plötzlich auf der politischen Bühne nicht mehr gäbe? Das traurige Ergebnis: Mir fiel kein Name ein! Aber das ist keine wohlfeile Politikerschelte, es gab früher solche Politiker. Um den ermordeten J. F. Kennedy habe ich geweint, um Konrad Adenauer, Kurt Schumacher, Franz Josef Strauß tief getrauert, um nur einige Namen zu nennen. Und was ist mit der letzten Politgarde, mit Gerhard Schröder, Joschka Fischer, Hans Eichel? In der Versenkung verschwunden, keiner Träne wert.

Deutschland ist und bleibt ein hochgeliebtes, aber schwieriges Vaterland, weil es an einer überbordenden Bürokratie zu ersticken droht. Ein Land, in dem es möglich ist, dass in einer amtlichen Dienstanweisung Sätze wie diese stehen: «Stirbt ein Dienstreisender auf einer Dienstreise, ist die Dienstreise beendet» – oder: «Der Wertsack ist ein Beutel, der auf Grund seiner besonderen Verwendung im Postbeförderungsdienst nicht Wertbeutel, sondern Wertsack genannt wird, weil sein Inhalt aus mehreren Wertbeuteln besteht, die in dem Wertsack nicht verbeutelt, sondern versackt werden.»

Da kann man in sonntäglicher Milde nur sagen: Armes Deutschland, das von solchen Bürokraten gegängelt wird – und sich gängeln lässt. «Alltag ist nur durch Wunder erträglich», schrieb der berühmte Max Frisch. Er hat recht. Nur leider sind Wunder zurzeit bei uns nicht zu erwarten.

Mit sechzig gekündigt – der Lebenssinn ist jetzt das Leben selbst

Lieber Freund, unsere letzte Begegnung hat mich schockiert. Ich kannte Sie als «fröhliches Haus» von einigen Tagungen, bei denen wir das Kleingeld der Konversation wechselten – «Wie geht's?» – «Gut, ich hoffe desgleichen von Ihnen.» Aber es gab bei uns zugleich immer auch diese Unterströmung. Eigentlich müssten wir unser oberflächliches Gespräch in eine andere Ebene heben, dorthin, wo es um das wirklich Wichtige geht.

Jetzt war es so weit, und ich bin glücklich, obwohl der Satz, mit dem Sie mich schockiert haben, in mir nachklingt: «Ich stehe plötzlich vor einem riesengroßen schwarzen Loch.» Und dann sagten Sie noch: In Ihrer Situation – gekündigt mit sechzig – bliebe Ihnen nur ein Gefühl von verlorenem Lebenssinn.

Sie wussten, dass ich Ihnen nicht praktisch helfen kann – einen neuen Job, wer hat den heute schon in der Westentasche? Aber Sie wollten über Ihr Schicksal sprechen. Und so standen wir in Hamburg-Pöseldorf bei strahlendem Sonnenschein neben dem kleinen Italiener, der die vorzügliche Stracciatella-Suppe auf der Speisekarte hat.

Die Sonne schien, als sei sie aus Sizilien zu Besuch, um den Hanseaten zu zeigen, wie richtiger Sonnenschein wirklich aussieht. Und was taten Sie in dieser herrlichen Stimmung? Sie sprachen vom «schwarzen Loch», vom Abgrund, davon, dass Schluss sei mit dem Job, der Ihnen aber immer Beruf und Berufung war – das Wort Job hassten Sie ebenso wie das Wort «Spaß an der Arbeit» –, für Sie gab es nur den totalen Einsatz für die Firma.

Und diese Firma sagte jetzt: Ende der Vorstellung. Geh nach

Hause, räume den Schreibtisch, genieße die neue Freiheit, lebe dein Leben – und am besten ist es, du meldest dich nie wieder – wir sind ja schließlich keine Familie, bei der man immer mal anklopfen kann, wir sind eine Firma, eine FIRMA, nichts anderes.

Ein Abschied wie aus dem Tiefkühlfach eines Kühlschranks: Eine Vier-Zeilen-Verlautbarung, ein Umtrunk. Dass Sie in der Führungsetage dreiundzwanzig Jahre Ihren Kopf hingehalten haben – vergessen! Sie wurden ja schließlich gut bezahlt. Nicht mal eine Konkurrenzausschluss-Klausel für die nächsten Jahre hat man Ihnen bei der Vertragsauflösung abverlangt, das stimmte Sie besonders bitter – die Herren da oben kalkulierten sicher eiskalt: Wer nimmt heute noch einen Mann, der sechzig Jahre auf dem Buckel hat?

Ob ich einen Rat wüsste? Mir fiel der Befreiungsschlag ein, den Bernhard Shaw – lange Zeit von Depressionen geplagt – an seinem sechzigsten Geburtstag niederschrieb: Mit dem siebten Jahrzehnt habe für ihn eine «zweite Kindheit» begonnen; er hätte plötzlich «das köstliche Gefühl von neuer Freiheit, Abenteuer, Unverantwortlichkeit empfunden».

Dieses eine ungewöhnliche Wort «Unverantwortlichkeit» sollten Sie beherzigen: Sie können jetzt leichter leben, den Rhythmus Ihres Tages souveräner bestimmen, Gespräche ausschwingen lassen, keine Sekretärin kann Sie stören, keine Konferenzen – vielmehr können Sie genießen, was in Ihrem Leben bisher zu kurz kam: die freie Zeit, dieses Gefühl, als sei der Minutenzeiger aus der Uhr herausgefallen …

Was man allerdings wissen muss, lieber Freund, und das ist nach meiner Erfahrung das ganze Geheimnis: Man ist auch im Alter immer wieder ein Anfänger im Spiel des Lebens, man muss immer wieder neu lernen. Und das bedeutet: Man muss ein Gefühl dafür entwickeln, was in einer bestimmten Zeit überhaupt möglich ist. Die Meisterschaft in der Lebenskunst zeigt sich darin, nie zu viel, aber auch nie zu wenig hineinzupacken in die Möglichkeiten von Lebenszeit und Lebensweg.

Praktisch gesprochen: Mit sechzig geht es nochmal richtig los! Da muss es kein «schwarzes Loch» geben, es sollte vielmehr der Start hinein in ein neues Leben sein – mit neuen wunderbaren Erfahrungen in Freundschaft, Natur, Reisen. Der Lebenssinn ist nicht mehr der Beruf, sondern – viel schöner! – das Leben selbst.

Sie erzählten mir beiläufig, Ihr Vater sei neunzig geworden. Da stellt sich doch die Frage: Wollen Sie, wenn Ihr Leben der Spur des Vaters folgt, die nächsten dreißig Jahre trauern, nur weil Sie gekündigt wurden?

Schnelle Trennungen in Liebe und Beruf –
aber wofür haben wir die Treue eigentlich geopfert?

«Ich habe meinem Chef gekündigt, drei Zeilen, zack, zack, so kühl und knapp wie nur möglich», sagte der junge Mann in abendlicher Freundesrunde – ich musste an seine Worte noch denken, als ich längst zu Hause war, denn ich erinnerte mich plötzlich, wie ich selbst eine berufliche Trennung vollzog, lang, lang ist es her – aber was für ein Unterschied zu heute!

Denn nie habe ich den Blick vergessen, mit dem mich mein erster Chef anschaute, als ich ihm im Jahr 1949 meine Kündigung ins Zimmer trug, auch nur wenige Zeilen, aber ich betrat den Raum mit einem rasenden Herzklopfen. Um mich herum waren noch die Trümmer des Krieges, wir arbeiteten in einer Baracke in der Dr.-Julius-Leber-Straße in Lübeck – und wenn ich bei meinen ersten Schreibübungen als Zeitungsvolontär voller Nervosität nicht vorankam, kaufte ich im gegenüberliegenden «Lichtspielhaus» beim Portier eine Lucky Strike – zum Schwarzmarktpreis, das Stück für acht Mark.

Mein Chef öffnete mein Kündigungsschreiben, hielt es gegen das Licht, als könnte er nicht glauben, was er da liest, ließ den Bogen dann auf seinen Schreibtisch fallen mit einer Geste, die Enttäuschung ausdrückte, dann sagte er zu mir: «Das hätte ich von Ihnen am allerwenigsten erwartet.» Ein Satz, der mich traf mit ungeheurer Wucht.

Dann folgte ein zweiter Satz, er klingt mir noch heute im Ohr: «Sie haben mich menschlich maßlos enttäuscht, ich hatte mit Ihnen noch so viel vor.» Ich wusste keine Antwort, verließ wortlos das Zimmer, fühlte mich hundeelend, wie ein Verräter, treulos, egoistisch – am liebsten wäre ich zurückgelaufen, hätte von meinem Chef die Kündigung zurückerbeten.

Es dauerte wohl einen halben Tag, ehe sich der Gefühlssturm legte und all die Argumente die Oberhand gewannen, die ich mir zurechtgelegt hatte: Waren wir nicht, kurz nach dem Ende der Nazi-Diktatur, zur Freiheit ermutigt worden? Und gehörte dazu nicht auch die Freiheit, sein Arbeitsverhältnis zu kündigen? Und hatte ich – jung wie ich war – nicht das Recht, den nächsten Schritt auf der Karriereleiter zu wagen?

Aber das alles änderte nichts daran, dass mich die Worte meines Chefs «menschlich maßlos enttäuscht …» noch lange verfolgten und dass ich mich noch heute schäme, wenn ich an diese beklemmenden Minuten im Chefzimmer denke.

Ich weiß nicht, wie es mir heute erginge, wenn ich kündigen wollte oder müsste. Aber wenn ich die Signale aus der Arbeitswelt richtig deute, dann ist da ein «Heuern» (viel zu selten) und ein «Feuern» (viel zu oft), dass mir mein Schamgefühl von damals gespenstisch altmodisch vorkommt. Ja, heute geht es wirklich «zack, zack». Heute kommen die Hiobsbotschaften oft sogar aus «heiterem Himmel» – Firmen, die Milliardengewinne machen, schicken gleichwohl Tausende nach Hause. Die meisten Kündigungen sind völlig unpersönlich in vorgestanzter Computerschrift, es soll schon Fax- und E-Mail-Kündigungen geben, mit denen Menschen gefeuert werden – klingt dieses «Feuern» nicht wie «verbrennen», fragte mich ein Spitzenmanager einmal in einer nachdenklichen Stunde der Selbstprüfung – er war plötzlich selbst erschrocken über dieses Wort.

Wenn ich heute jemandem die Geschichte meiner ersten Kündigung im vierten Nachkriegsjahr erzähle, hält er meine Reaktion für übertrieben gefühlvoll; einer sagte gar, ich würde in der heutigen knallharten Arbeitswelt untergehen wie ein Nichtschwimmer im Ozean.

Vermutlich hat er recht. Wir leben in einer Zeit, in der die Unverbindlichkeit Triumphe feiert, in der ein rastloses «Von-Fall-zu-Fall-Denken» wie eine Krankheit grassiert, in der das

Wort Treue so klein geschrieben wird, dass man es kaum noch lesen kann – selbst Heinrich Heine würde vermutlich heute nicht mehr diese wunderbaren Zeilen schreiben: «Wüsste ich nicht, dass die Treue so alt ist wie die Welt, so würde ich glauben, ein deutsches Herz habe sie erfunden.»

Inzwischen ist die Treue aus unserem Leben weitgehend verschwunden. Nicht nur im Beruf, auch in der Liebe, in der Partnerschaft. Der Scheidungsrekord spricht Bände. Und wofür wir die Treue geopfert haben, kann mir leider auch keiner sagen.

Aus dem Lehrbuch eines weltberühmten Arztes: «Folgen Sie der leisen Stimme Ihrer Seele»

Lieber Freund, es lag viel Traurigkeit in Ihrer Stimme, als wir gestern miteinander telefonierten. Alle Ihre Silvesterhoffnungen hätten sich nicht erfüllt, es sei Ihnen nicht gelungen, dem Alltag eine andere Wendung zu geben, hin zu mehr Ruhe und Leichtigkeit und dem Gefühl der Sinnerfüllung all dessen, was Sie so in Trab hält.

Der Alltag heute sei so «unbarmherzig wie eh», und der Job in der Firma drohe Sie aufzufressen, wie Sie sagten, und das nicht nur zeitlich, und «die Seele käme zu kurz», das sagten Sie auch noch.

Lassen Sie mich Ihnen deshalb eine Geschichte erzählen, die besser als jede theoretische Abhandlung deutlich macht, was ich Ihnen wünsche. Sie handelt von einem Mann, der in seiner Kindheit von nichts anderem träumte als davon, eines Tages auf der Bühne eines Konzerthauses zu stehen, ganz der Musik hingegeben, umjubelt und gefeiert.

Aber die Eltern hatten ihr Kind gezwungen, Jura zu studieren. Statt Noten gab es Paragraphen, knochentrockenes Zeug. Nichts, woran sich der Junge erwärmen konnte. Er sollte vor allem eines: dem elterlichen Stolz genügen. Und so geschah es.

Doch dann kam eines Tages der Schock: Ärzte entdeckten bei dem jungen Anwalt einen Gehirntumor. Die Diagnose war umbarmherzig eindeutig – inoperabel, voraussichtliche Lebenszeit: noch ein Jahr.

Noch am selben Tag schloss der junge Mann seine Praxis. Er hatte nichts mehr zu verlieren außer sein Leben. «Ich werde das Jahr, das mir nun noch bleibt, nur noch damit verbringen, mit meiner geliebten Geige zu spielen.» Er sagte es jedem, der es

hören wollte, auch seinen Eltern, die ihn in das zutiefst unge-
liebte Leben eines Juristen hineingepresst hatten.

Und nach einigen Monaten geschah das Wunder: Der dem
Tod geweihte Mann wurde Mitglied eines Orchesters – und der
Tumor verschwand, ohne jedes ärztliche Zutun, einfach so und
auf unerklärliche geheimnisvolle Weise.

Es ist der berühmte amerikanische Krebsarzt Dr. Bernie Sie-
gel, der in seinem Bestseller «Mit der Seele heilen» über diesen
Fall aus seiner Praxis berichtet. Und der Dozent der Yale Uni-
versity zieht auch das Fazit: Der Patient hatte sich selbst spät –
aber Gott sei Dank nicht zu spät – jene «bedingungslose Liebe»
gegeben, die ihm seine Eltern nicht zukommen ließen, ohne
die aber kein Mensch leben und Gefährdungen dauerhaft mit
Erfolg bewältigen kann.

Wir sind, lieber Freund, mit diesem Fall aus der Klinik-
Praxis bei der Seele angekommen, von der Sie ganz spontan,
sicher auch unüberlegt, aber durchaus richtig meinten, sie käme
in Ihrem Leben zu kurz. Stress frisst die Seele auf, könnte ich
salopp sagen.

Und in der Tat beobachten wir in diesen Tagen: Die
Geschwindigkeit, mit der wir vom Silvester-Olymp gestoßen
werden hinab in die Niederungen des Alltags, hat etwas Unbarm-
herziges an sich. All die Wünsche, die geheimen Sehnsüchte,
auch die guten Vorsätze, die wir aller Erfahrung zum Trotz uns
vorgenommen haben, verflüchtigen sich. Es ist so, als hätte es
sie nie gegeben.

Was folgt, ist Katerstimmung. Alltagstrott. Mühseliges Hickhack. Mobbing. Kompetenzgerangel. Eine oft erschreckende
Lieblosigkeit. Das Entsetzen darüber, dass das neue Jahr nicht
anders ist als das alte Jahr. Nur die Ziffern haben sich im Spiel
des Lebens verändert.

Ich wünsche Ihnen, lieber Freund, dass Sie sich noch einmal
zurückerinnern, welche Wünsche in Ihnen aufstiegen, als das

Jahr wechselte. Und dieser leisen Stimme sollten Sie folgen, so weit es irgend geht. Das Seelische darf einfach nicht zu kurz kommen, denn was hülfe es dem Menschen, so er die ganze Welt gewänne und nähme doch Schaden an seiner Seele? Wir haben es alle in der Bibel gelesen, aber leider vergessen.

Geständnisse eines studierten Hypochonders

Ich bin ein leidenschaftlicher Hypochonder. Schon beim kleinsten Zipperlein zittere ich. Hypochonder haben nach Knaurs Lexikon eine erhöhte seelische Bereitschaft für körperliche Leiden. Und die Endstation auf diesem unseligen Weg ist – nicht nur bei Molière – der «eingebildete Kranke». Aber ganz so weit bin ich noch nicht. Ich kämpfe noch.

Da auch bei dieser Schlacht um die Gesundheit Wissen nun einmal Macht ist, verschlinge ich alles, was über Medizin gedruckt wird. Keine Gratisbroschüre in Apotheken ist vor mir sicher. Und im Fernsehen bin ich dabei, wenn Deutschlands prominente TV-Ärztin Antje Kühnemann zum Diskurs mit Experten einlädt. Das verstehe ich unter Grundversorgung.

Natürlich zapfe ich auch selbst Quellen an. Bestelle Infos von den berühmtesten Universitäten. Lese von Gürtelrose über Sodbrennen bis zu Nierensteinen alles. Aber der Preis ist hoch: Ich finde mich plötzlich im Dickicht der Koryphäen wieder, die manchmal auch als «Fachidioten» beschimpft werden.

So dachte ich, Zink sei das Mittel der Wahl, wenn es um meinen frühherbstlichen Schnupfen geht. Zink bringe mein Immunsystem auf Touren wie ehemals Schumi seinen Ferrari, Zink sei der Motor gegen Killerzellen. Und nun?

Nun lese ich in Mitteilungen der kalifornischen Universität Berkeley, dass Patienten, die Zink einnehmen, genauso lange herumhusten wie jene, denen man nur ein Placebo in den Mund schiebt – so eine Art Gummibärchen der Medizin.

Ein anderes Beispiel im Verwirrspiel: Die Vitamine, die ich mir als studierter Hypochonder natürlich gönne. Die tägliche Ein-Gramm-Bombe schirmt mich ab – gegen alles. Dachte ich.

Und was sagt nun Berkeley? Berkeley gießt kalifornischen

Wein in meinen Brausetrank. So lesen meine durch zu viel Vitamin A getrübten Augen, dass derjenige, der täglich 200 bis 400 Milligramm Vitamin C zusätzlich schluckt, damit die Konzentration dieses Vitamins im Körper «kaum beeinflusst», zu viel aber mit Rücksicht auf seine Nieren auch nicht schlucken sollte.

Unter dem Trommelfeuer solch widerstreitender Medizin-Informationen gehe ich langsam in die Knie, wo sich übrigens erstes leichtes Rheuma meldet. Und keiner verrät mir das gültige Rezept dagegen. Grüner Tee, literweise? Oder die wohlige Heizdecke? Oder der Eisbeutel? Gymnastik ja, joggen nein?

Das Schlimmste an dieser Dauerlektüre ist: Man erfährt plötzlich von Krankheiten, die man nie im Blickfeld hatte. Neues, Bedrohliches der unbekannten Art.

Die größte Mutprobe steht dem Hypochonder bevor, wenn er die «Nebenwirkungen» studiert. Dass zum Beispiel mein Blutdrucksenker, eine unscheinbare Tablette von der Größe einer Viertel-Erbse, mir Bewusstseinsverlust, Sehstörungen, Schlaganfall und akutes Nierenversagen bescheren kann, hätte ich dem Winzling wirklich nicht zugetraut.

Manchmal denke ich, ich sollte aufhören, alles über Krankheiten zu lesen. Denn wer süchtig nach Gesundheit ist, der ist auf eine andere Weise vielleicht auch krank, nicht wahr? Aber ob ich es schaffe, weiß ich nicht. Vielleicht sollte ich mich mehr auf das Leben konzentrieren.

Materialien und Gedanken für eine Rede
über das Älterwerden

Vielleicht beginne ich meinen Redetext mit diesen wundervollen Zeilen, die der argentinische Dichter Jorge Luis Borges geschrieben hat, der berühmt wurde durch seine melancholischen Reflexionen. Es sind Zeilen, die Sehnsucht aufkommen lassen nach all dem, was wir im Geschwindigkeitsrausch des eigenen Lebens versäumten:

«Wenn ich mein Leben noch einmal leben könnte, im nächsten Leben würde ich versuchen, mehr Fehler zu machen. Ich würde nicht so perfekt sein wollen. Ich wäre ein bisschen verrückter, als ich gewesen bin. Ich würde mehr riskieren, würde mehr reisen, mehr Sonnenuntergänge betrachten, mehr auf die Berge steigen, mehr in Flüssen schwimmen. Ich war einer dieser klugen Menschen, die jede Minute ihres Lebens fruchtbar verbrachten. Freilich hatte ich auch Momente der Freude, aber wenn ich noch einmal anfangen könnte, würde ich versuchen, nur mehr gute Augenblicke zu haben. Falls du es noch nicht weißt, aus diesen besteht nämlich das Leben; nur aus Augenblicken: Vergiss nicht den jetzigen! Wenn ich noch einmal leben könnte, würde ich von Frühlingsbeginn an bis in den Spätherbst barfuß gehen. Und ich würde mehr mit Kindern spielen, wenn ich das Leben noch vor mir hätte.»

Zu der hinlänglich bekannten These, dass früher alles besser war: Ein Reporter fragt eine Hundertjährige, worauf sie ihr hohes Alter zurückführe. Ihre bescheidene Antwort: «In erster Linie auf die Tatsache, dass ich heute vor hundert Jahren geboren wurde.»

Ein älteres Ehepaar saß in der Veranda seines Hauses. «Ich genehmige mir jetzt ein Schälchen Eiscreme», sagte der Mann. «Möchtest du auch eines?»

«Ich möchte nur einen Löffel voll mit etwas Schokosirup drauf. Schreib dir das besser auf. Du weißt, wie vergesslich du bist.»

«Das brauche ich nicht. Ich merke mir das schon. Einen Löffel mit Schokosirup.»

«Ja. Und streu ein paar Nüsse drüber. Kannst du das behalten?»

«Natürlich.»

«Und oben drauf noch eine Kirsche. Vergisst du auch nichts?»

«Ich merke es mir schon, Martha! Keine Sorge!»

Die folgenden zehn Minuten hörte sie ihn in der Küche rumoren. Als er endlich wiederkam, trug er zwei Teller voll Rührei mit Speck.

«Na bitte, was hab ich dir gesagt?», meinte sie entnervt. «Du wolltest dir nichts aufschreiben, und jetzt hast du den Toast vergessen!»

Diese kleine Story schickte mir ein Verwandter und fügte hinzu: «Sagt uns Bescheid, wenn es in unserer Ehe auch so weit ist.»

Bin ich arrogant, wenn ich bei den neumodischen «Events» (mit zu vielen Neureichen) denke: Das Publikum war früher besser? – Wahrscheinlich war es immer so. Theodor Fontane schrieb schon vor über hundert Jahren: «Früher fing die Menschheit beim Baron an, jetzt bei dem, der Champagner bestellt.»

Ich überblättere Todesanzeigen nicht mehr, seit dort oft höchst nachdenkenswerte Zitate stehen – wie dieses: «Uns bleibt nur der sehr schmale und manchmal kaum noch zu findende Weg, jeden Tag zu nehmen, als wäre er der letzte, und doch in Glauben und Verantwortung so zu leben, als gäbe es noch eine große Zukunft.»

Ein junger Freund, um die vierzig, ruft nach langer Zeit einmal wieder an, will nur hören, wie es mir geht, einfach nur so, ganz ohne Grund und Anlass. Ich erzähle von meinem Alltag, den Reisen – bis ich dann den vorwurfsvollen Satz höre, der den Zauber zerstörte, den sein unverhoffter Anruf gerade entfalten wollte: «Du hättest mich ja auch mal anrufen können.» – Als mein Freund dann aufgelegt hatte, fühlte ich mich ertappt: Ja, was ist eigentlich der Grund, warum Menschen, je älter sie werden, sich von sich aus immer seltener zu Wort melden? Ich glaube, sie wollen jüngeren Menschen, die noch voll im Geschirr sind, nicht auf den Wecker fallen. Ihnen nicht Zeit stehlen. Sie befürchten, den Ton zu verfehlen, den die Jugend erwartet. Und sie haben, wenn es ganz schlimm kommt, Angst, dass man ihnen gar aus Mitleid Gehör schenkt.

Nachsaison auf Ibiza. Ich beobachte einen Strom von Senioren, der sich durch die Straßen ergießt. Ganze Heerscharen sind unterwegs, immer mit dem Spruch auf den Lippen: «Wer weiß, wie lange wir das noch können.» Ob sie alle ihren Goethe gelesen haben, kann ich nicht beurteilen. Aber die Senioren befolgen reiselustig, manche sogar verbissen reisewütig, seinen Rat:

«Viel zu spät begreifen viele, die versäumten Lebensziele: Drum Mensch, sei beizeiten weise, höchste Zeit ist's: reise, reise!»

Ein Hypochonder fragt den Arzt: «Wie alt, glauben Sie, kann ich werden?» – Der Arzt fragt zurück: «Rauchen Sie?» – «Nein.» – «Trinken Sie?!» – «Nein.» – «Frauen?» – «Auch nicht, niemals.»

Darauf der Doktor: «Dann frage ich mich: Warum wollen Sie überhaupt alt werden?»

Erster Gedanke, als ich mein neues Passfoto aus einem Automaten ziehe: Hoffentlich werde ich so alt, wie ich darauf ausschaue.

Geht es Ihnen auch so, dass Sie ein Stück Ihres Lebens auf einen bestimmten Tag ausrichten? Auf den nächsten Ersten, auf Ihren Geburtstag, auf den ersten Ferientag – und dass Sie von diesem Tag die Veränderung erwarten, die Ihnen noch nicht möglich erscheint, weil Sie heute noch zu angespannt sind – oder zu abgespannt?

Wenn ich erst mal achtzehn bin, dann wird alles anders – wie oft habe ich bei jungen Leuten diese Verheißung gehört. Und dann kommt dieser Tag – und es wird so viel nicht passieren, vor allem nichts Wesentliches, weil das Wesentliche sich nicht an den Kalender hält. Das Schicksal hat seinen eigenen Fahrplan.

Was ich in vielen Gesprächen herausgefunden habe, ist dies: Es entwickelt sich ein seltsam gespanntes Verhältnis des überforderten Menschen zur dahinrasenden Zeit.

Sogar die jungen Leute müssen ein schärferes Tempo vorlegen: Ein Achtzehnjähriger gehört nicht nur in mancher Diskothek schon zum alten Eisen. Die verschwenderische Fülle an Zeit, die früher die Jugend auf dem Konto hatte, ist entwertet wie so vieles. Mit achtzehn kann man schon «out» sein. Heute muss man immer sofort alle Freuden und Vorteile genießen, so anstrengend das auch sein mag.

Meine Tochter, beispielsweise, hat heute Geburtstag. Ein herrlicher Tag – doch auch sie ist schon alt genug, zu wissen, dass sie diesen Tag nie wiederholen kann. In jedem Tag, wichtig oder unwichtig, steckt etwas von diesem Abschiednehmen. Es wird uns Erdenkindern wirklich nichts geschenkt!

Das Märchen vom «einfachen Leben» ist ein Märchen

Ja, es gibt sie, diese wunderbaren Augenblicke, sie kommen unangemeldet, sie sind in keinem Reiseprospekt beschrieben – aber dann sind sie plötzlich da! Jetzt müsste man die Zeiger der Uhr anhalten, dieser Tag dürfte sich nicht neigen, das Lachen nicht verwehen, die Gedanken müssten jetzt das Rätsel unseres eigenen kleinen Lebens lösen.

Wir sitzen in irgendeiner Bucht am Meer, Sand rinnt durch die Finger, keine Menschenseele weit und breit. Wir spüren auf eine wundersame Weise unsere Existenz: Wie wenig brauchen wir doch eigentlich, um wirklich glücklich zu sein!?

Mir ist es so gegangen, vor wenigen Wochen, am Strand von Lindos, nahe Rhodos, die Ruinen des Tempels der Athena Lindia, der Göttin der Weisheit, über mir und ein Meer vor meinen Augen, in dem sich ein offener «himmlischer Himmel» spiegelte, wenn ich das einmal so sagen darf. In Griechenland glaubt man, dass der liebe Gott hier immer direkt herunterschaut.

Sofort kommt das Gefühl: Hier müsste man bleiben! Ich schaue auf Steine, die der Apostel Paulus betreten hat, als er vor zweitausend Jahren hier an Land ging. Wenn er heute wieder hierherkäme, er würde sich kaum wundern, wenn er nur Himmel, Meer und Bäume sähe – so unberührt wirkt alles. Aber was geschähe, wenn er nur ein Stück weiter ginge zu den Stränden und sehen müsste, was wir Menschen mit dieser Erde im Allgemeinen und wir Touristen im Besonderen angerichtet haben?

Und dann kommt plötzlich das andere Gefühl: Morgen um diese Zeit werde ich wieder in Deutschland sein. Und genau vierundzwanzig Stunden nach der griechischen Verzauberung saß ich ernüchtert vor dem Fernseher, und ich sah die gewohnten deprimierenden Bilder: Konferenzen, Streiks, Bomben, Demonstrationen – Signale einer kranken Welt.

Und ich dachte daran, wie wenig man brauchte, um glücklich zu sein, gestern noch in der stillen Bucht unter dem himmlischen Himmel. Und dann fiel mir ein, dass dieses einfache Märchen ja gar nicht stimmt: Ich dachte an die freundliche Dame im Reisebüro, die täglich acht Stunden Nervenkrieg mit hochgespannten Urlauberwünschen führt, an Stewardessen, die noch zweimal am Tag in vollgepackten Maschinen über Europa gejagt wurden, an Piloten, die präzise arbeiten müssen und keine Sekunde träumen können, an den Leihwagenvermieter, der Überstunden macht, an Taxifahrer, Kellner, Zimmermädchen, Köche, an all die vielen, die im Hintergrund arbeiten, oft rund um die Uhr, damit die Touristenströme, die Kreuzzüge der Zivilisationsmüden, möglichst sicher quer durch die Welt kommen.

Ich habe mal schnell zusammengerechnet, und ich kam allein auf mindestens fünfzig Menschen, die gearbeitet haben, damit ich diese eine überirdisch schöne Stunde an griechischen Gestaden verbringen konnte.

Ihnen allen möchte ich danken: Ich werde nie mehr fragen: Wie wenig brauchen wir eigentlich, um glücklich zu sein? Ich werde sagen: Was ist an Mühen nötig, damit einmal das Wunder eintritt, das ich erlebte, als ich glaubte, Gott schaue direkt auf meine kleine Bucht, dicht neben der Stelle, wo er den Apostel an Land gehen ließ.

Ja, was ist alles nötig, damit wir Schönheit sehen!

Ein Sohn fragt sich: «Habe ich meinem Vater wirklich genug Liebe gegeben?»

Geheimnisvoll, wie sich alles verändert, wenn dich jemand in einer fröhlichen Runde plötzlich mit einer Frage überfällt, an die du selbst nie gedacht hast, in allen Ewigkeiten nicht, und die nun vor dir steht und die gewissenhaft beantwortet werden muss.

Ob ich meinen Vater genug geliebt hätte? – fragte ein Freund, schließlich hätte ich mich in meiner Kolumne vor ein paar Wochen nur mit meiner Mutter beschäftigt, das sei ja verständlich, die magische Mutter-Sohn-Beziehung sei ja bekannt, aber: Was ist mit dem Vater?

Wir sind im Sachsenwald, in Aumühle, dort, wo uralte Bäume in den grauen Nordhimmel wachsen, wo der Name Bismarck noch ehrfurchtheischend zu hören und zu lesen ist, ja, hier stellen sich leichter als anderswo solche erdenschweren Fragen wie diese: Wie bist du mit deinem Vater umgegangen, damals, als er die siebzig überschritten hatte und ins Land des Alters überwechselte?

Zwei Jahrzehnte sind vergangen, seit ich meinen Vater zuletzt umarmen konnte. Er war schmal geworden, der alte Herr. Die Spannkraft hatte nachgelassen. Immer öfter sah ich, wie mein Vater bei der Lektüre die Zeitung auf seinen Schoß fallen ließ, um für Minuten «wegzutreten». Kam ich ihm näher, schreckte er auf, schoss kerzengerade hoch: Er gehörte zu jener Generation, für die Müdigkeit eine Schwäche war, die man um keinen Preis zeigen durfte.

Was mich verblüffte: Mein Vater konnte – mit neunzig! – ohne Brille lesen. «Im Alter wird manches besser», sagte er. Ich war nie auf die Idee gekommen, ihn weiterzufragen: Was denn schlechter würde im Alter, ob er gar darunter leidet, dass Vater und Sohn heute nicht mehr den gleichen Erfahrungshorizont haben, «Computer schaffe ich nicht mehr», wie viele Söhne hören das heute von ihren Vätern!

Mein Vater, 1894 geboren, hatte zwei Weltkriege durchlebt – und überlebt. Und die Inflation. Und das «Tausendjährige Reich». Und das Wirtschaftswunder nach 1945. Er war Professor für Chemie. Als ich nach dem Sinn des Lebens fragte, antwortete er: Dass wir Menschen den Sauerstoff einatmen, um ihn in Stickstoff zu verwandeln, den die Natur braucht, die sich die Gesetze des Lebens nicht von den Menschen diktieren lässt. Diese kühle Antwort habe ich nie vergessen, weil sie mir zeigte, es gibt nicht nur eine – und schon gar nicht nur meine Sicht auf diese Welt.

Schaue ich zurück, fällt mir auf: Als Kind habe ich meinen Vater kaum gesehen. Er kam selten auf Fronturlaub, das waren «Sonnenscheintage», wie meine Mutter sagte. Und jeder Abschied war – heute unvorstellbar! – von dem unausgesprochenen Gefühl überschattet: Sieht man sich wieder?

In den folgenden Jahren war ich es dann, der kaum Zeit hatte: Da waren die Karriere, die eigenen Kinder, die Reisen; da wurde Vater schon mal in meinem Terminkalender irgendwie «dazwischengeschoben». Und wenn ich heute daran denke, dann bin ich traurig. Denn heute weiß ich: Ja, ich habe meinen Vater sehr geliebt! Aber ob ich ihm meine Liebe genug gezeigt habe, das weiß ich nicht! Viele Begegnungen waren zu kurz, viele Gespräche zu viel Papperlapapp, viele Briefe nicht geschrieben, nur in Gedanken.

Aber auch mein Vater hatte sich zurückgenommen, wie es damals die Art war. Das Lied eines alten schwäbischen Ritters an seinen Sohn wäre ihm niemals in den Sinn gekommen: «Sohn, da hast du meinen Speer! Meinem Arm wird er zu schwer.»

Und so war es diese falsch verstandene «Mannhaftigkeit»,

die uns leider viel zu wenige Momente der Vaterliebe und Sohnesliebe schenkte. Wie anders ist das heute! Da sehe ich eine wunderbare Nähe von jungen Vätern zu ihren Kindern: Sie schieben Kinderwagen, wechseln Windeln, treiben mit ihnen Sport, viele wollen das Wunder der Geburt miterleben. Und da selbstlose Liebe später zurückkommt, wird sich für diese Generation hoffentlich die Frage niemals stellen, die mich an jenem Abend so bedrängte.

November-Melancholie in Venedig – wo die Gondeln und die Seelen Trauer tragen

Der November war noch gar nicht richtig ins Laufen gekommen, da lähmten mich schon jene Gefühle, die Sie sicher auch kennen – und die ich mit Novembermüdigkeit nur unscharf umschreiben kann. Der Wunsch, aus der grauen deutschen Tristesse wenigstens für ein paar Tage auszubrechen, wurde übermächtig, und so beschloss ich, dorthin zu fahren, wo ich das irdische Glück noch immer am ehesten vermutet habe – nach Venedig.

Ich hatte all die Erzählungen von Dichtern im Sinn, die davon schwärmten, dass die Lagunenstadt gerade auch im Spätherbst, ja sogar im Winter, einen ganz eigenen Zauber entfaltet – und diesen Zauber wollte ich, gleichsam als Medizin, für mich erhaschen, um jeden Preis.

In meinem Gepäck war natürlich die Frage versteckt, ob es möglich ist, durch einen Ortswechsel dieser imposanten Art der ermatteten Seele wieder auf die Sprünge zu helfen, ob die Freude über die italienische Lebensart mich mitreißt in ein beschwingtes Lebensgefühl, ob die Spiegelungen der wunderbaren Paläste im Wasser des Canal Grande über das Auge mein Herz erreichen und mit Lebensfreude erfüllen.

Mit anderen Worten die Frage aller Fragen, wenn es ums Reisen geht: Ob man sein Inneres durch Äußeres verändern kann. Ob Glücksgefühle erzwingbar sind, wie Menschen, die sich selbst Lebenskünstler nennen, immer wieder behaupten.

So stand ich, nach quälender Autofahrt über den Brenner – eine Lasterkarawane von einer nicht für möglich gehaltenen Endlosigkeit quälte sich gen Süden –, am späten Nachmittag endlich auf dem Platz meiner Sehnsucht: dem Markusplatz.

Weder gab es, allen Horrormeldungen über die versinkende

Stadt zum Trotz, diesen ersten Eindruck: Ja, Venedig lebt noch! Es ist noch nicht vom Schlamm niedergewalzt. Die Wasserdämpfe auf dem Canal Grande sind noch nicht so faulig, dass Gasmasken verteilt werden müssten. Die Menschen haben die Steine des Dogenpalastes noch nicht weggeatmet, wie es bei den Pyramiden schon geschehen sein soll.

Und die schwarzen Gondeln, die mir in Augenblicken der Traurigkeit manchmal wie schwimmende schwarze Särge erscheinen, sind ausgebucht – Japaner in endloser Zahl, lärmend, wild gestikulierend, haben die Gondeln gekapert und lassen sich durch die Häuserschluchten kutschieren – und die Blitze ihrer Kameras zucken durch die Dämmerung wie ein Feuerwerk.

Auch vieles andere ist wie immer: die Kinder, die teils aus Freude, teils voller Boshaftigkeit versuchen, die Tauben zu jagen, die mit mattem Flügelschlag doch immer entkommen, die Wienerwalzer-Seligkeit, die vor dem Café Florian auf dem Markusplatz erklingt und vom milden Novemberwind fortgeweht wird. Die Ober in Weiß, die wie wandelnde Leuchtreklamen in der Dunkelheit erscheinen und mit einer Grandezza, die wir bei uns nie sehen, den überteuerten Campari servieren. Kurz: Die Fassade Venedig steht!

Bilder also wie immer. Und doch geschieht schon in wenigen Stunden etwas Geheimnisvolles. Mich überfällt die Erkenntnis, auch diese Stadt kann dir nicht geben, was du erhofft hast. Du kannst nicht gegen das Gefühl an, «hier durch ein Reich der Vergangenheit zu gleiten, das durch nichts mehr lebendig gehalten wird als durch die kaum hörbaren Geräusche, die das Eintauchen des Gondelruders verursacht» – so der berühmte Italienkenner Reinhard Raffalt schon vor fünfzig Jahren.

Und wenn die Maisonne fehlt, die Aufbruch signalisiert, und die Junisonne, die über die Haut die Seele wärmt, und die Julisonne, die überschäumende Lebensfreude hervorlockt – wenn das alles fehlt, dann gibt es in Venedig eben leider Momente, dass man denken könnte, in Husum zu sein, der grauen Stadt am grauen Meer.

Vielleicht war mein Fehler, dass ich allein mein Glück suchte, das nur allzu wahre Wort von Sigmund Graff war mir zwar bekannt, aber ich hatte es vergessen: «Nach schönen Orten soll man nie alleine reisen. Das Gesicht eines lieben Menschen, der sich auf Neapel freut, ist schöner als alle Neapel der Welt zusammengenommen.» – Besser kann man eine Wahrheit nicht aussprechen. Und was für Neapel gilt, gilt für Venedig erst recht, die Königin der Meere, diese von Menschen ins Wasser gezauberte Stadt, dieser Ort, der uns beschämt, weil wir unfähig geworden sind, Städte von ähnlicher Schönheit noch einmal zu bauen.

Treue in guten und bösen Tagen – ein Glockenton aus fernen Zeiten?

Mein lieber Freund, lieber Bräutigam, das Buch ist vierzig Jahre alt, von dem ich hier erzähle, es ist 1963 erschienen, da waren die sexuellen Entfesselungskünstler schon unterwegs, wir erinnern uns daran, die einen schmerzhaft, die anderen voller Genugtuung.

Dieses Buch stammt von dem spanischen Kulturphilosophen José Ortega y Gasset, es handelt von der Liebe in all ihren Facetten. Und damit bin ich bei Ihnen, mein Freund, und bei Ihrer Hochzeit. Denn dieses Büchlein hat den berauschenden Titel: «Triumph des Augenblicks – Glanz der Dauer».

Was mich heute im Zusammenhang mit der Hochzeit weniger interessiert, ist der Triumph des Augenblicks, den kennen wir alle, den erleben wir immer wieder: Wenn uns etwas ganz Tolles gelingt, wenn wir auf eine quälende Frage unerwartet eine Antwort bekommen, wenn eine E-Mail ein nicht mehr für möglich gehaltenes Wiedersehen mit der geliebten Frau verspricht, wenn ein Kuss den Augenblick besiegelt.

Diese Augenblicke des Triumphs gering zu achten wäre töricht. Aber diese Augenblicke können dem Glanz der Dauer nicht das Wasser reichen. Wenn das Gefühl der Verantwortung füreinander und die versprochene Treue zueinander plötzlich das Leben bestimmen. Das bedeutet zugleich: Die Fluchttür wird verschlossen, Sie haben das Bequeme und Unverbindliche, das unseren Zeitgeist beherrscht, ausgesperrt.

Nun gehört die Liebe zwischen zwei Menschen zu den Dingen, die nach Rainer Maria Rilke nicht so leicht fassbar und sagbar sind, «weil die meisten Ereignisse sich in einem Raum vollziehen, den nie ein Wort betreten hat». Eine Bemerkung, die die tiefsten

Tiefen unserer Existenz berührt: Kennen wir nicht alle das Gefühl von Verlorenheit und Einsamkeit inmitten vieler Menschen, erleben wir nicht, dass unsere Gefühle plötzlich erstarren angesichts einer Eiseskälte, die uns zuweilen umgibt. Und gibt es diese Erfahrung zuweilen nicht sogar in jenem Raum, den ein Fremder nie betreten kann – der Raum unserer Liebe in der Ehe?

Was ist das überhaupt, eine gute Ehe? Sie ist ein Gespräch ohne Anfang und ohne Ende. Sie ist das Gefühl, dass eigentlich alles erst begann, als der geliebte Mensch kam. Eine gute Ehe gibt einem Mann die große Chance, die ganze Welt zu umarmen in seiner Frau.

Sie beide, lieber Freund, sind in einem Alter, da der Sommer dem Herbst die Hand reicht, die Sonnenstrahlen wärmen noch, aber sie fallen schon schräg und tauchen alles in ein goldgelbes Licht. Ich habe bei dem Philosophen Friedrich Wilhelm von Schelling einen Gedanken gelesen, der wie kein anderer auf Ihre Zweisamkeit passt: «Das ist das Geheimnis der Liebe, dass sie solche verbinde, deren jedes für sich sein könnte – und doch nichts ist und sein kann ohne das andere.»

Natürlich, jeder von Ihnen beiden hat bis heute «sein Leben» geführt, es gab keinen Grund, an diesem Status etwas zu ändern, auch keine Konvention zwingt Sie, heute vor den Standesbeamten und vor den Altar zu treten.

Aber als ich dann in der Kirche die Sätze hörte «… in guten und in bösen Tagen – bis dass der Tod euch scheidet», da klang das für mich wie ein Glockenton aus fernen romantischen Zeiten – und doch war es beglückende Gegenwart!

Ja, ich liebe es, bei Hochzeiten dabei zu sein. Weil dort die Liebe in einem purpurnen Gewand daherkommt, nicht in modisch zerfetzten Jeans. Und weil man spürt, dass inmitten dieser lauten, von Untreue zugedröhnten Welt die edelsten Gefühle doch immer mal wieder eine Chance haben, die den Glanz der Dauer verheißen, den ich Ihnen beiden wünsche.

Telefonate am Sonntag haben ihren eigenen Klang, ihren eigenen Zauber

Das Telefonat, heute vor einer Woche – es wird mir unvergesslich bleiben. Der Anruf kam um fünf Uhr nachmittags. Ein grauer Tag mit hängenden Wolken, der die Stimmung gnadenlos in die Tiefe reißen kann – vor allem, wenn man einsam ist. Und dieser Mann, der sich mit leiser Stimme nach meinem Befinden erkundigte, war einsam, das spürte ich sofort.

Denn: Es gab keinen Anlass, mich anzurufen, schon gar nicht am Sonntag. Aber mir wurde schon nach wenigen Sätzen klar: Vielleicht war es gerade andersherum: Solch ernstes Gespräch wie dieses, das sehr schnell auf die Sinnfrage des Lebens zusteuerte, kann man vielleicht überhaupt nur an einem Sonntag führen, fernab der Hektik des Alltags.

Der Mann am Telefon hatte vor genau einem Jahr seine Frau verloren, nach über vierzig Jahren wunderbarer Gemeinsamkeit. «Krebs, Sie wissen, da ist man machtlos. Jedenfalls wir waren es. Meine Frau und ich, wir haben gekämpft. Die Ärzte haben gekämpft. Aber es war wie ein Fallbeil.» Und nun ist dieser Mann zu Hause, in Räumen, «in denen jetzt eine Stille ist, die ich kaum aushalten kann».

Telefonate haben ihren eigenen Charakter. Telefonate am Montag, Dienstag, Mittwoch, Donnerstag sind andere als am Freitag, wenn das Weekend schon am Horizont auftaucht, oder am Samstag, wenn eher Heiterkeit und Lässigkeit den Tag bestimmen.

Am Sonntag aber, da schlägt das Herz wieder einen anderen, ganz eigenen Takt. Da horcht man schon mal nach innen. Da möchte man mal mit jemandem sprechen, «der sonst nicht auf der Agenda steht». Telefonate am Sonntag haben ihren eigenen

Klang, ihre eigene Wirkung, auch ihren eigenen Zauber. Und vieles von dem, was man in einem langen Plausch am Sonntag offenbart, würde man vierundzwanzig Stunden später, am Montag, niemals preisgeben.

Ja, er sei «verdammt» einsam, sagte nun der Mann, dessen Frau ich einmal ganz kurz in einem Ferienhotel kennengelernt hatte. «Die Einsamkeit, in die ich geraten bin, ist nicht auszuhalten.»

Dass ich mit den abgenützten wohlfeilen Ratschlägen – «Die Zeit heilt alle Wunden», «Man muss über alles Gras wachsen lassen» – an seiner Seelennot nichts ändern konnte, das war mir sofort klar. Nur für die Dauer unseres Gesprächs schenkte ich ihm Erleichterung, Ablenkung, vielleicht sogar einen Funken Freude, als ich unser Telefonat mit einer Abendeinladung für den nächsten Tag beendete.

Und doch: Es war im Ton und im Inhalt ein Sonntagstelefonat, das dem Tag alle Ehre machte. «Jedes Wort lebt und ist beheimatet in einem bestimmten Umkreis; das Wort in der Familie ist ein anderes als das Wort im Büro», schrieb Dietrich Bonhoeffer, der Pastor, der um Macht und Ohnmacht der Sprache wusste. «Das Wort, das in der Wärme der persönlichen Beziehung geboren ist, erfriert in der kalten Luft der Öffentlichkeit.» Wenn sich doch nur all die Prominenten daran halten würden, die mit der Drohung «Jetzt rede ich!» allzu oft den schamlosesten Indiskretionen Tür und Tor öffnen!

Sonntagstelefonate – ich liebe sie. Gleichgültig, ob ich angerufen werde oder selbst zum Hörer greife. Fast alles, was ein gutes Gespräch ausmacht, kann sich am Sonntag entfalten: Das Zeithaben, das Offensein für den anderen, das Zuhören, das oft noch wichtiger ist als das eigene Wort. Und alles in totaler Konzentration auf einen Menschen. Und keine Ablenkung wie sonst so oft («Entschuldigung, ich muss abbrechen, auf dem anderen Apparat kommt ein Auslandsgespräch»).

Ja, der Sonntag ist gut für Gespräche, die weit entfernt sind von dem Bonmot, wonach die eigentliche Kunst des Gesprächs angeblich darin besteht, «alles zu berühren und sich in nichts zu vertiefen» (Oscar Wilde). Nein, der Sonntag bietet die wunderbare Möglichkeit, in Ruhe über das zu sprechen, was Herz und Seele wirklich berührt. Der Mann, der um seine Frau trauert, hat es gewusst, und er hatte recht daran getan, zum Hörer zu greifen.

Er naht unerbittlich – der letzte Ferientag

Noch hatten wir keinen Gedanken an ihn verschwendet, noch lag er in so weiter Ferne: dieser letzte Ferientag, dieser Tag im Niemandsland zwischen Nichtstun und Geschäftigkeit – doch nun ist er plötzlich da!

Es begann ganz unmerklich, als meine Frau vor drei Tagen, eher beiläufig, meinte: «Weißt du eigentlich, dass wir schon in hundert Stunden wieder zu Hause sind?»

Dieser Nadelstich, er ging vorüber. Wie sich die Natur vor dem Herbst noch einmal aufbäumt und uns die «fünfte Jahreszeit» beschert, die herrlichen Tage, bevor sich der Sommer in den Herbst verwandelt, so steigern sich auch die letzten Ferienstunden. Alles genießt man nun viel mehr: den Weg zum Strand, das Baden, die fröhliche Runde in der Bar, das Gespräch mit den Freunden für eine Saison.

Und dann kommt unerbittlich der Morgen der Abreise! Während man im Frühstücksraum sitzt, wird bereits das Gepäck abgeholt. Der Kellner wünscht uns eine gute Reise, er hat am Anzug erkannt, dass wir nicht bleiben: Straßenschuhe haben die Sandalen abgelöst.

Bis zur Abfahrt des Taxis sitzen wir am Swimmingpool, nun zu zweit auf einer Liege, wir gehören ja schon nicht mehr ganz dazu, wir haben für diesen Tag ja auch nicht mehr bezahlt. Nebenan hat sich wieder die etwas zu laute Clique aus London niedergelassen: Das «Hallo-morning» springt wie ein Tennisball hin und her, Auftakt für das Perpetuum mobile von Lachen, Lärm. Zwar werden wir noch mit ein paar Scherzen in die Gespräche hineingezogen, aber wir spüren: Es ist doch mehr das Mitleid mit denen, die nun aus diesem Paradies abreisen müssen.

Der Ober, der uns noch einen Campari bringt – er kassiert gleich. Er hat es nie getan – nun muss er es tun, denn er sieht es uns ja an, dass wir die Hotelrechnung schon bezahlt haben, aber gleichviel: Eine Spur schneller, geschäftlicher, kühler als all die Tage zuvor geht es nun doch zu.

Und während um uns herum das ganze Hotel zu vibrieren scheint, in Erwartung eines neuen heißen Ferientages, während die Menschen ihre Gesichter der Sonne zuwenden wie einem Götzen, denke ich: Überall im Leben kommen wir immer wieder in diese Situationen, dass wir plötzlich nicht mehr «dazugehören». Und ein kleiner Schmerz stellt sich ein.

Bis eine Stunde später die Stewardess den Flug in Richtung Frankfurt ankündigt, der Silbervogel sich erhebt, wir noch einmal nach unten schauen, wo irgendwo an der grünblauen Küste «unser» Hotel steht, in dem wir eben noch für Augenblicke so melancholisch waren. Spätestens dann fällt uns die alte Weisheit ein, wonach in jedem Ende auch erfreulicherweise ein neuer Anfang steckt. Und damit lässt es sich ganz gut reisen – und leben.

Der Irrtum mit dem Ruhestand – wo Ruhe draufsteht, ist Unruhe drin

Lieber Freund, ich kann ja verstehen, dass Sie sich nach dem Ruhestand sehnen. Sie sind Mitte fünfzig, Sie sind noch «voll im Geschirr», Sie haben immer häufiger das Gefühl, die Zeit mit all ihrer Hektik würde Sie auffressen, ja, geradezu verschlingen.

Und dann sitzen Sie plötzlich im Ferienflieger, neben sich eine Horde von Ruheständlern, die sich fröhlich noch einen Gin Tonic genehmigen, während Sie beim Mineralwasser mit Ihren Gedanken schon wieder in der Firma sind. Einer saß neben Ihnen, der zwei unglaublich lange Monate im Süden war, den Seesand von Alicante noch in den Schuhen, während Sie sich gerade mal zehn Tage aus dem Terminkalender «heraus-schneiden» konnten – ist es da verwunderlich, dass der Ruhe-stand wie eine große wunderbare Verheißung am Himmel Ihrer Wünsche auftaucht?

Und doch, lieber Freund, muss ich Ihnen aus Erfahrung verraten: Es gibt keinen Ruhestand. Ruhestand ist ein falsches Etikett. Wo Ruhe draufsteht, ist Unruhe drin. Ich meine nicht die Unruhe, die Ihr Nachbar – der mit dem Seesand in den Schuhen – vortäuscht, wenn er mal eben nach Old Germany düst, um bei seinem Doktor vorbeizuschauen, «ob die Pumpe noch mitmacht». Ich meine eine andere Unruhe. Und diese Unruhe ist in der Seele beheimatet.

Wer den Ruhestand erreicht hat, für den beginnt – spätes-tens – immer auch ein Kampf, der tragischerweise nie mit einem Sieg enden kann. Und wenn der Verstand es auch leugnet, die Seele weiß es: Es ist der einsame Kampf gegen das Altwerden, das Alter. Ein schwerer Kampf. Ein lautloser Kampf. Kein Kla-gen hilft – und niemand um dich herum will davon hören.

Fragt man Ruheständler, wie es ihnen geht, hört man einen vielstimmigen Chor. Da ist der Ehrliche, der bedauert, dass er nicht mehr Bäume ausreißen kann. Der Enthusiast, der kühn behauptet: «Jeder Tag ist jetzt für mich wie Urlaub.» Der Skeptiker, der fragt: «Wofür lebe ich eigentlich noch?» Der Weise, der in seiner Jugend dachte, mit ihm fange die Welt erst an: «Jetzt muss ich mich davor hüten, zu glauben, dass die Welt mit mir aufhört.» Der Optimist, der prahlt, «die besten Jahre beginnen, wenn die guten vorüber sind».

Ja, er ist vielstimmig, dieser Chor der Altersmelodie. Und doch: Der Grundcharakterzug des höheren Alters ist schmerzhafte Nachdenklichkeit. «Die Illusionen sind verschwunden, welche bis dahin dem Leben seinen Reiz und der Tätigkeit ihren Sporn verliehen. Erst im siebzigsten Jahre versteht man ganz den ersten Vers des Predigers Salomo: Es ist alles ganz eitel» – so Schopenhauer.

Noch dramatischer klingt, was Tolstoi im hohen Alter schrieb: «Man kann nur leben, wenn man trunken vom Leben ist; sobald die Trunkenheit vergeht, bemerkt man, dass alles nur Trug ist.»

Ich möchte, lieber Freund, das Bild des Älterwerdens nicht in zu düsteren Farben malen – ich möchte Ihnen etwas anderes wünschen: Dass Sie sich freimachen von dem Irrglauben, im zukünftigen Ruhestand das Paradies zu finden.

Dass Sie gar denken, der lautfröhliche Nachbar im Ferienflieger aus Alicante habe es besser als Sie. Auch seine spielerisch vorgetragene, in Wahrheit unverschämte Frage «Arbeiten Sie noch – oder leben Sie schon?» sollten Sie überhören. Jedes Leben hat eine Jahreszeit – Ihre ist der milde Spätsommer, die seine ist schon der Herbst, in dem bekanntlich die Blätter fallen.

Mit anderen Worten: Mit der heiteren Gelassenheit, die man dem Alter zuschreibt, ist es nicht weit her. Sie ist Fassade. Dahinter tobt der Kampf, am Leben noch teilzuhaben, noch «dabei zu sein», gar «mitzumischen» – das ruhelose Leben vieler Ruheständler ist wie eine Narkose. Sie wollen die Schmerzen verdecken, die mit der Weigerung zusammenhängen, einer Tatsache ins Auge zu sehen: dass das Leben nicht mehr alle Chancen bereithält.

Aber die Gedanken sind frei, und das ist trostreich, wie die folgende Anekdote zeigt: Der achtzigjährige große Max Liebermann spazierte mit seinem Freund Fürstenberg durch den Berliner Tiergarten, als ein bildhübsches Mädchen vorbeikam. Die beiden Männer drehten sich bewundernd-sehnsüchtig um – und der alte Liebermann seufzte: «Siebzig müsste man nochmal sein, mein lieber Fürstenberg!»

Das erste Du

Man müsste das Mädchen, das man liebt, an die Hand nehmen und fortfahren. Am besten dorthin, wo der Mensch abseits vom atemlosen Alltag einen Hauch von Dauer verspürt: ans Meer also, das ohne Alter zu sein scheint, das seine Wellen ans Ufer schickt wie vom Anbeginn, mit einem Himmel darüber, wie ihn die Städte nicht kennen. Hier müsste man zueinander du sagen, zum ersten Mal. Am schönsten ist es, wenn dieses Du plötzlich da ist, hingezaubert, wenn es sich wie selbstverständlich in das Gespräch hineinschleicht. Du hältst einen Augenblick inne, etwas verwirrt, schaust in ihre Augen, wägst die Antwort – und du weißt: Nie wieder wird das fremde Sie sich zwischen euch schieben wie eine Wand.

Es gibt Menschen, die einem – kaum, dass man sie kennengelernt hat – das Gefühl vermitteln: Wir müssten irgendwann du zueinander sagen, so viel Gemeinsames verbindet uns. Bei der Frau aber, die man liebt – da müsste dieses Gefühl sofort da sein. Dann kann ruhig das Sie monatelang «gepflegt» werden – für die Ohren, die sich auf feinere Töne verstehen, klingt es ohnehin schon wie ein Du.

Ich weiß, dass die jungen Leute heute sofort und unbesehen du zueinander sagen. Ich fürchte: Irgendwie wird dieses stürmische Du bezahlt werden müssen. Denn Hindernisse, die nicht zu nehmen sind, bringen auch keine Siege. Dass man sich das Leben einfach macht, ist verständlich. Aber die Liebe zu vereinfachen – was soll daran sinnvoll sein? Ist nicht der Wechsel vom Sie zum Du ein herrlicher Genuss, vergleichbar mit der ersten Fahrt aus dem neblig kühlen Norden in den heiteren besonnten Süden?

Vorher war man Gefangener seiner kleinen eigenen Welt:

Und diese Welt hieß ich. Ich will, ich möchte, ich muss, ich kann – immer ich, überall ich. Und dann kommt, unbemerkt zuerst, das Wort wir. Wir könnten, wir sollten, wir müssten ...

Mit jedem Du, das Liebende ehrlichen Herzens zueinander sprechen, wird diese Welt ein wenig heller. Diese Welt kann es gebrauchen.

Wechselbad der Gefühle beim Betrachten
alter Fotos und Briefe

Geheimnisvolles Leben. Es war am Sonntag vor einer Woche. Über meine Seele hatte sich ein novembermüder Schleier gelegt. Vielleicht lag es am trostlosen Wetter, vielleicht an meiner Zufallslektüre, diesmal waren es die «Maximen» von Goethe, in denen ich lese: «Die Welt ist eine Glocke, die einen Riss hat: sie klappert, aber sie klingt nicht.»

Sieh an, dachte ich: So war das vor zweihundert Jahren also auch schon. Die Glocke, die einen Riss hat! Die Nachrichten aus Berlin, die um sich selbst kreisenden Politiker, die ermüdenden TV-Diskussionen – ja, da ist wahrlich auch nur noch ein Scheppern und Klappern, kein Klingen zu hören.

Und natürlich wurde dieses melancholische Gefühl durch den November, diesen rauen Gesellen, noch verstärkt. Aber dann geschah etwas Wunderschönes: Es nahte Rettung! In diesem Fall war es die unterste Schublade einer Kommode aus dem Haus meiner Großeltern, die bei uns in einer Abseite eher unbeachtet ihr einsames Antiquitätenleben fristet und die ich – einer unbestimmten Eingebung folgend – entschlossen öffnete.

Und was geschah? Ich war sofort gefangen. Ich stieß auf viele hundert Fotos, die auf Erlösung warteten – auf Erlösung von der Zufälligkeit, mit der sie dort ungeordnet aufbewahrt wurden.

Lauter Dokumente gelebten Lebens: Hochzeitsbilder, Kindstaufe, Schnappschüsse von den ersten Ferienreisen, Cervia und Cesenatico an der Adria waren die ersten Dolce-far-niente-Stationen, und – sieh da! – mein erster VW, der sich mit Zwischengas auf den Großglockner quälte …

Jedes Bild eine Geschichte – und auf den meisten Bildern: Lachen, Umarmungen, Albernheiten, Übermütiges. War das

Leben, das ich hier sah, wirklich eine einzige Sause? Selbst die kleinen 6 × 9-Bilder, mit der schwarzen Box eingefangen, die man sich vor den Bauch hielt, um von oben im Sucher das Motiv zu finden – selbst diese oft verwackelten, unscharfen Bilder, weit entfernt von der heutigen Vollglanzpracht der digitalen Fotografie – zeigten eines: Wir strotzten damals vor Lebensfreude!

Ja, die Botschaft all dieser Bilder war: Junge, du hast ein tolles Leben gehabt. Auf der Sonnenseite. Wirtschaftswunderlich verwöhnt. Immer nach oben – die schönste Zeit, die es in Deutschland je gab.

Aber dann gab es plötzlich noch einen zweiten Blick auf diese Bilder. Auch dies geheimnisvoll: Da, der Kollege, der mich auf dem Betriebsfest so herzlich umarmt, hatte er nicht hinter meinem Rücken in seiner Gier nach Karriere versucht, mich aus dem Anzug zu boxen? Und dort das verwunschene Hotel in Amalfi: Bin ich nicht nach einer Lärmhöllennacht geflüchtet? Und schließlich entdecke ich auf einem Foto meinen allerallerlerallerbesten Freund, den Charmeur – hatte er nicht meine Frau «angebaggert», als ich wochenlang in der Klinik liegen musste?

Und nicht zu vergessen, wenn auch erst auf den letzten Blick: das Erschrecken darüber, wie viele von den vielen Menschen, die hier am Sonntagmorgen noch einmal in meiner kleinen privaten Fotoschau Revue passieren, in den vergangenen Jahren längst die große Reise angetreten haben, sie sind nur in Schwarz-Weiß oder in Farbe noch einmal zu sehen, aber kein Laut mehr, kein Lachen, keine vertraute Stimme – nur Schweigen.

«Was ist Leben? Ein Schatten, der vorüberstreicht, ein armer Gaukler, der eine Stunde lang sich auf der Bühne zerquält und tobt, dann hört man ihn nicht mehr» – so Schiller, der andere Dichterfürst aus Weimar. Kein Poetenwort trifft besser, was ich beim Anblick dieser Bilder auch spüre: Man kann die Glücksmomente des Lebens zwar optisch einfangen und festhalten, man kann die Bilder in Alben kleben, man kann sie ordnen nach Familie, Freunden, Reisen, Festen ...

Aber was man nicht kann, ist dies: die Gedanken abblocken, die sich beim Betrachten einstellen. Und diese sind, wie das Leben selbst: mal himmelhoch jauchzend, mal zu Tode betrübt. Das einzige Glücksgefühl – und darum wurde es doch noch ein schöner Morgen: All diese Erinnerungen kann mir keiner nehmen, sie sind im sicheren Land der Vergangenheit – wie in einem Schweizer Tresor. Niemand kann sie mir stehlen, die schönste Botschaft dieser alten, oft schon vergilbten Bilder.

Die vielen viel zu langen Reden zu einem Festakt

Schon als ich Platz nehme, weiß ich: Es gibt keinen Trost. Ich sitze eingezwängt in Reihe acht, Mittelplatz, kaum eine Chance, hier voreilig und unauffällig «die Platte zu putzen», wenn mir alles zu viel werden sollte. Ich weiß: Ich muss, will ich nicht unhöflich erscheinen, die ganze Prozedur durchstehen.

Diese Prozedur ist eine Preisverleihung, eine von den vielen hundert, die unser Land überschwemmen wie ein Tsunami. Und dass dabei durchaus Opfer ermattet am Bühnenrand liegen bleiben, ist der Preis für die Teilnahme an einer Preisverleihung.

Erfreulich – es geht erst einmal ganz entspannt los. Zehn Minuten vor der Fernsehübertragung erscheint der Conférencier auf der Bühne, im Smoking, aber noch ohne Fliege, also ganz locker, und bittet beim sogenannten «Warm-up», dass wir Gäste der Gala den Beifall nicht vergessen mögen. «Beifall ist das Brot des Künstlers», sagte er, weshalb wir schon mal ein Probeklatschen hinlegen dürfen. «Ich hoffe, ihr seid ebenso gut drauf, wenn ich gleich wiederkomme.» So lernen wir ganz nebenbei: Beifall im Fernsehen kann man bestellen wie Blumen bei Fleurop.

Weniger erfreulich: Ein mulmiges Gefühl beschleicht mich, als ich im Programmheft blättere, das auf meinem Stuhl ausliegt: Fünfzehn Preise werden heute Abend vergeben, in Worten: fünfzehn! – darunter geht's nicht, so viel Großartiges, Einzigartiges, Wunderbares wurde also im vergangenen Jahr geboten – nur ich habe es irgendwie nicht bemerkt, es ist mir bei der Lektüre der Zeitungen entgangen, es ist an mir vorbeigerauscht, beim Zappen muss ich wohl immer gerade im falschen Kanal gelandet sein …

Was meinen Platz angeht, da kann ich mich, was das Protokoll angeht, nicht beschweren – Reihe acht, Mitte, fabelhafter Blick auf die Bühne, ja, ich bin gut platziert. Vielleicht wäre zwei Reihen weiter vorne noch besser, wo immerhin mein ehemaliger gleichrangiger Kollege sitzt – aber geschenkt! Doch ich möchte nicht wissen, wie viele Leute schon sauer sind, noch bevor sie überhaupt Platz genommen haben, weil sie sich nicht genug gewürdigt glauben.

Inzwischen nähern wir uns der vierten Stunde der Preisverleihung – da geschieht Schmerzhaftes: Ich spüre meine Knochen! Den Rücken. Die Beine. Mein linkes Bein wollte mir schon mal zuvorkommen und einschlafen, nur mit isometrischen Übungen konnte ich einen Krampf verhindern; und mit einer Magnesiumlutschtablette, die ich immer dabeihabe, wenn bei Veranstaltungen voraussichtlich «Sitzfleisch» angesagt ist.

Jetzt ist endlich der vorletzte Preisträger auf der Bühne, zusammen mit einem Laudator, der schon mal routiniert das Lächeln des Siegers anknipst – denn im vorigen Jahr stand er selbst als Preisträger hier, ehe er nun den Pokal weiterreicht. Die Endlosschleife der Reden und Gegenreden (Dank an die Produzenten, an die Ehefrauen, die den Erfolgreichen «immer den Rücken freihalten») dreht sich unermüdlich – und plötzlich ist Mitternacht schon in Sicht, und immer noch kein Ende.

Denn der dickste Brocken steht uns allen noch bevor. Im Programmheft heißt es klipp und klar: «Ehrung für das gesamte Lebenswerk». Teilabschnitte sind sicher früher schon mal prämiert worden. Aber jetzt geht es ums große Ganze. Um die Totale. Und das bedeutet, dass wir uns im Auditorium alle von den Plätzen erheben, es bedeutet Rührung, weil in einer solchen Auszeichnung immer auch ein Stück Wehmut steckt: Das war's, das war die Krönung, der Gipfel, höher geht es nimmer. Und unausgesprochen steht die bange Frage im Raum: Ist das für den Preisträger eigentlich wirklich ein gutes Gefühl?

Und doch – es sind diese emotionalen Höhepunkte, die den

Abend der viel zu vielen Reden retten. Ein ganz Großer steht da oben auf der Bühne, und du selbst fühlst dich im Parkett ganz klein. Diese Spannung findet in den «Standing Ovations» ihre Erlösung. Für einen solchen Moment, der das Herz bewegt, der die Seele berührt, der dich zum Zeugen einer nicht wiederholbaren großartigen menschlichen Geste macht, muss man manchmal verdammt lange auf harten Stühlen ausharren. Aber wenn es geschieht, dann, aber auch nur dann, hat sich der ganze lange Abend doch gelohnt.